教育的南山质量丛书

丛书主编 / 刘根平

南山教育行思录

NANSHAN JIAOYU XING SI LU

刘根平 / 著

2008
2003

2002
1990

2009
2012

1989
1979

2013
……

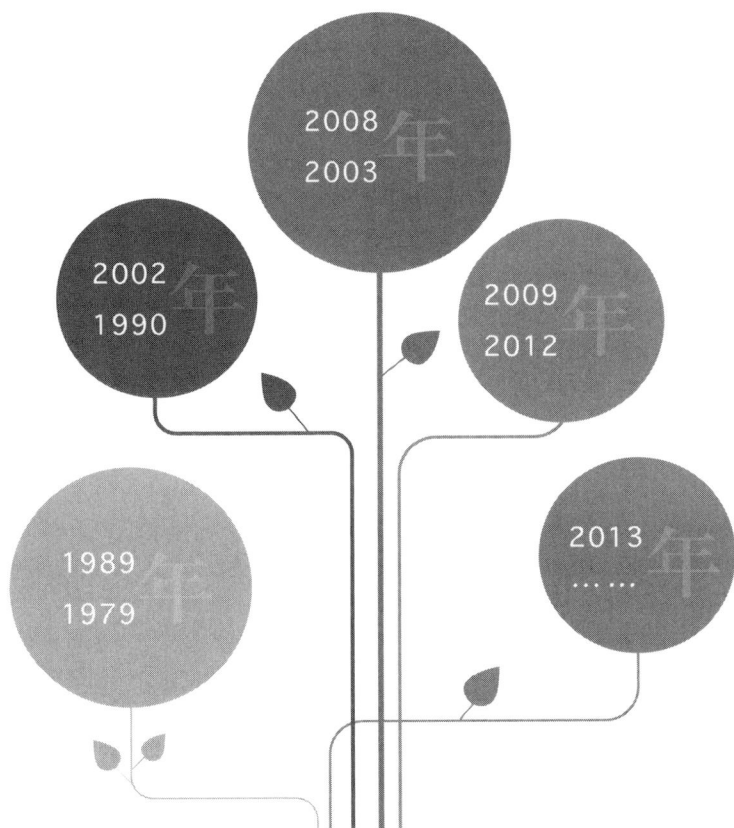

教育科学出版社

·北京·

本丛书为全国教育科学"十三五"规划课题

"公办中小学集团化办学治理模式及实施效果研究"

（课题批准号：FFB180661）研究成果

打造人民满意的教育"南山质量"

刘根平

　　深圳南山，深圳文化之根、改革开放发源地。自 1990 年建区以来，南山实现了由小到大、由城市边缘向城市中心的华丽转身，坐拥前海蛇口自贸片区，成为粤港澳大湾区核心区域，现正致力于打造世界级创新型滨海中心城区。

　　南山因改革而生，南山教育因创新而强。建区 29 年来，坚持教育优先发展，是历届南山区委、区政府的战略认知。区委、区政府推出一批教育改革创新举措、民生实事项目。近些年，区委、区政府更是在每年教师节前均召开常务会，专题研究教育需要解决的重大问题，送出高含金量的"大礼包"。高质量教育已经成为南山社会经济发展的核心竞争力之一。

　　回顾过去，南山教育大致走过了五个重要历史阶段：第一阶段（1979—1989 年）是奠基阶段；第二阶段（1990—2002 年）从建区到成为广东省第一个教育强区；第三阶段（2003—2008 年）从教育强区到成为广东省第一个教育现代化先进区；第四阶段（2009—2012 年）追求卓越教育，探索教育内涵发展，成为全国教育改革实验区；第五阶段（2013 年至今）实施质量攻坚五年行动计划，打造教育"南山质量"，成为全国义务教育优质均衡发展区。南山一代又一代教育人凝心聚力，全面深化教育综合改革，坚定不移地推进教育现代化建设，构建了层次清晰、衔接科学的国民教育体系和结构合理、灵活多样的终身教育体系，实现了从农村教育到城市教育、从城市教育到现代化教育的两度历史性跨越，为进一步打造教育的"南山质量"，在推进教育现代化新征程上走在全国前列打下了坚实基础。

南山教育发展是一场接力跑，需要一棒接着一棒跑，一任接着一任干。2013年3月，南山教育领头人的接力棒传到了我手中，适逢党的十八大召开不久，以习近平同志为核心的党中央坚持把教育摆在优先发展战略地位，强调扎根中国、融通中外、立足时代、面向未来，对教育工作做出了一系列重大决策部署。面对新阶段、新形势、新任务，我与班子成员一起，以十八大精神为引领，谋划南山教育未来如何在"高原之上，再起高峰"。经反复思考、充分论证，我们提出"让每一所学校都优质，让每一位教师都精彩，让每一个孩子都幸福"的理想追求，确立"均衡化、优质化、多元化、国际化、特色化"的发展路径，出台了《南山区教育质量攻坚五年行动计划（2013—2018年）》，推动南山教育从速度到质量、从效率优先到追求公平而有质量的转型升级，致力打造贯通教育全链条的教育高地，争当深圳乃至全国教育质量的排头兵。白驹过隙，如今攻坚五年行动计划已到收官之时。

这五年，注定不平凡。五年来，南山教育改革发展与国家教育发展战略同频共振，全面加强党对教育工作的领导，坚持立德树人，怀揣教育理想，坚守职业道德，践行价值追求，全面推进十大攻坚项目，打造教育的"南山质量"。一项项改革举措、一个个发展成效，尤其是十大攻坚项目的推进与实施，南山教育再筑新高地，又攀新高峰，为南山打造世界级创新型滨海中心城区提供了有力支撑，成为中国基础教育课程改革和全面实施素质教育的一面旗帜。

这五年，创新体制机制，南山学校更优质

教育治理能力明显提升。南山认真落实全面从严治党要求，扛起全面从严治党主体责任，打造风清气正的育人环境。在深圳率先成立区教育督导委员会，首创学校"党建+督导"模式，实现中、小、幼责任督学挂牌督导全

覆盖，成为全国中小学责任督学挂牌督导的样板。深化与中国教育科学研究院合作，依托国家教育智库，助力南山教育高质量发展。全区公办学校全部实现"一校一章程"，在全省率先实现学校工会组织100%全覆盖。试点探索理事会领导下的校长负责制，推动学校内部治理结构迈向现代化。

教育保障水平显著提高。切实加大投入，教育预算内经费逐年递增，从2013年的15.4亿元增至2018年的65.6亿元，翻了两番。充分保障教育用地，规划义务教育设施用地，实现配套学校（幼儿园）与住宅项目同步规划、同步建设、同步交付使用。五年新改扩建学校30所，增加学位约3.7万个。实施"清凉教室"工程，为全区所有学校所有教室安装空调。进行图书馆改造，使图书馆成为学生最爱去的阅读中心、学习中心。实行阳光招生，多途径解决进城务工人员子女的义务教育问题，随迁子女入读公办学校比例达95%左右。

新建学校办一所优一所。提升学校建设标准，每平方米造价在原基础上提高40%。借助华润、万科、华侨城、招商蛇口等大型企业的力量，通过配建、代建、总承包等模式，让专业的人干专业的事，提升学校建设速度和质量。提前一年遴选优秀校长，下达教师编制，赋予校长选人用人自主权，迅速组建结构合理、业务精湛的教师队伍。注重信息技术与教育深度融合，引入AI、VI等技术，促成前沿技术与课程深度整合，探索个性化、场景式学习，课程建设借助技术实现"弯道超车"，即时性反馈成为常态。

多元合作办学蔚然成势。新组建南方科技大学教育集团（南山）（简称"南科大教育集团"）、南山区第二外国语学校（简称"南山二外"）、文理实验学校三大教育集团，集团总数达6个，全区集团学校覆盖公办学校的45%，集团学校学生人数占全区学生总人数的58%。在坚持公办导向的基础上，引进著名科研院所、创新企业、教育基金等优质资源，开展多元合作办学。与中国科学院深圳先进技术研究院（简称"中科先进院"）、南方科技大学、深圳大学、深圳中学、大疆公益基金会等合作举办学校。北部片区通过大学城联盟、南北联盟、新组建教育集团、新建品牌学校，22所学校的教育教学质量全面提升，涌现一批新名校，南山东西走向的优质教育资源带全面打通。

这五年，打造"四有之师"，南山教师更精彩

配足编制，教师队伍结构不断优化。严格按照上级编制部门的有关规定为各校配足编制，通过优秀教师"选聘选调"、定向招聘重点师范院校毕业生、公开招考等途径，不断充实师资力量。近三年共引进优秀教师2000余名，北京大学、清华大学、中国人民大学等 A 类双一流院校与全球排名前列的境外名校的毕业生纷纷加盟，进一步优化了南山教师队伍结构，提升了教师整体水平，为南山教育高质量发展提供了可持续的人才储备。

价值引领，教师责任感、荣誉感不断增强。在全市率先发布《南山教师宣言》，倡导教师成为塑造学生品格、品行、品味的"大先生"，促进"思维体系、话语体系和行为体系"三个转变。完善教师考核机制，推进师德师风 APP 在线评价，建立师德档案，强化以人为本、立德树人的教育理念。打造教师职业的荣誉体系，开展"魅力教师·魅力团队"评选活动，树立优秀的教师典型、学科组典型。评选精英教师、年度教师、榜样教师。由此涌现出一批扎根教学一线、师生家长公认的模范典型。

定制培养，教师专业素养不断提升。在全省率先探索成立区级教师发展中心，实施行政导向的"先锋计划"和学术导向的"引领者计划"，量身定制新岗、优秀、骨干、名优等梯级成长方案，进行专业分类培养，实现教师培训 100% 覆盖。成立涵盖学前至高中的 146 个区级名师工作室，覆盖全区 3000 多名教师，打造教研教学共同体。南山教师连续 3 年获得深圳市"年度教师"称号。

完善机制，教师待遇不断提高。实行"评聘合一"职评制度，推进校长职级制改革，全面实行教师绩效工资制度，每年及时核定学校绩效工资总量。持续加大教育系统人才住房的保障力度，不断提高园丁奖和各类奖

励金额，给符合条件的新引进应届毕业生发放一次性生活补贴。在全市率先缩短民办学校教师和幼儿园保教人员从教津贴起步年限，逐年提高津贴起点标准。南山教师已经成为人们羡慕和尊重的职业。

这五年，聚焦核心素养，南山学生更幸福

全面落实立德树人根本任务。在全市率先发布《南山青少年成长宣言》，促进社会主义核心价值观进教材、进课堂、进头脑。全面实施《南山区中小幼德育行动计划》，通过开展"方圆行动、培根行动、红星行动、灯塔行动、地图行动、摇篮行动"六大行动，认真扣好中小学生人生第一粒扣子。挂牌成立了12个青少年综合实践基地，常态开展"体育节""艺术节""英语节""科技节""心理节""创客节"活动。德育政策体系逐步健全，内容体系不断丰富，实施体系创新发展，保障体系持续完善，推动中小学生养成良好的政治素质、道德品质、法治意识和行为习惯，形成积极健康的人格和心理品质，促进学生全面健康发展。

全面深化课程改革。制定《关于全面深化课程改革的指导意见》《新高考改革背景下高中优质发展的指导意见》《南山区中小学博物馆课程指导意见》等文件，并积极实施，以培养学生核心素养为总体目标，区域整体推进与学校自主创新相结合，形成有南山区域特色和学校独特个性的创新型课程体系。打造高阶课堂，推进"三新课堂"（新教材、新理念、新课堂），全面提高课堂效率，提升学生核心素养。加强校本课程建设，拟定并实施"1+7"特色发展指导意见，统筹规划全区学校体育、音乐、美术、创新教育、传统文化、国际化和信息化等领域的课程特色发展，鼓励特长生学段衔接、师生灵活走校等。出台《南山区中小学学生生涯规划实施指引》《南山区中小学学业质量评价指导意见》等，推进学业质量评价改革，切实减轻学生课业负担，让小学生开心起来，让初中生"心"乐起来，让高中生"心"活起来，促进学生综合素质全面发展。

大力开展创新教育。建设智慧校园，打造未来教室，进行图书馆改造

升级，搭建校园 No.1 网络竞技平台，为学生提供展示天赋特长的机会。实施"大学（企业）—中小学"伙伴计划，在全市首创成立南山少年创新院，分院达到 34 个。开展"龙鹰对话""留学生文化使者进校园"等活动，加强国际理解教育，推进跨文化交流。

全面提升学生素质。中高考成绩连续多年排在全市前列，实现了"南山学子人人上大学"的目标。近三年，128 名南山学子获评中国少年科学院小院士，占深圳获奖总数的一半。中国少年科学院小院士连续三年走进中国国际高新技术成果交易会（简称"高交会"），学生创客与李克强总理对话。73 名南山学子获评"最美南粤少年"，占了深圳获奖总数的四成。

这五年，我们把提高质量作为教育的生命线，教育的社会贡献力显著提升，交出了一份亮丽的成绩单。我区被评为全国义务教育发展基本均衡区、全国中小学校责任督学挂牌督导创新区、全国教育信息化优秀试点单位。

"大鹏之动，非一羽之轻也；骐骥之速，非一足之力也。"在全面贯彻习近平总书记关于教育的重要论述及全国教育大会精神之际，为了系统梳理总结南山教育发展五年来的实践历程，我们精心组织编写了"教育的南山质量"系列丛书，分为《南山教育行思录》《让每一所学校都优质》《让每一位教师都精彩》《让每一个孩子都幸福》四册，对南山教育做了"一斑窥豹"的梳理和展现，记录了南山教育人阔步前行留下的行行足迹和感人故事，提炼了南山教育改革的有效做法、典型经验和创新机制，也书写了南山教育人在改革道路上的深刻思考和美好憧憬。我们希望本丛书的出版，能为波澜壮阔的中国教育改革提供鲜活生动的案例和样本，为广大教育工作者和关心支持教育的读者提供有益借鉴。

文章千古事，得失寸心知。尽管编委会和各分册的作者做出了很大努力，但由于水平所限，"教育的南山质量"系列丛书仍会有不少缺点和不足，请读者予以指正。

是为序。

2019 年 7 月 21 日于深圳南山

目　录
CONTENTS

理想·质量

理想的教育需要坚定教育的理想

现在南山教育重提理想，再次定义南山人的教育理想，目的就在于点燃南山教育人的激情，凝聚南山教育人的士气，使南山教育在传承中创新。

——2013 年 9 月 10 日接受《晶报》记者采访

任何教育理想，都孕育在所在地域和历史的大背景中。南山的教育理想，同样是南山理想整体不可分割的一部分。

南山是深圳、香港两座城市发展的源头，被誉为"深港历史文化之根"。1700 多年前，东晋王朝设立东官郡，郡治在今天的南头古城一带，香港、深圳、东莞等均归其管辖。南山是中国古代"海上丝绸之路"的重要驿站，明朝时期，郑和七下西洋，曾在南山赤湾拜别妈祖扬帆远航。南山自古就有崇文重教之风，200 多年前，这里就诞生了深圳最早的书院之一——凤冈书院，它体现了南山人民耕读传家的文化传统，镌刻着南山人民教育追梦的历史印记。

南山是中国改革开放的一面旗帜，在这里打响了改革开放的第一声"开山炮"，建立了中国第一个对外开放工业区——蛇口工业区，杀出了一条血路，闯出了一片天地。从此，改革开放成为南山的基因。在波澜壮阔的改革开放潮流中，南山区已蝶变为高颜值的现代化、国际化海滨新城；伴随改革开放的浩荡春风，经济发展跃居全国区（县）前列。

光阴似箭，万象更新。历史进步的印记，常常在回望与比较中更加明晰。如果把南山改革开放浓缩成一首壮丽诗篇，作为民生之首的教育必然是意蕴丰富的"题眼"。改革开放以来，南山教育人不忘初心，怀揣理想，跑出了令人惊叹的特区"加速度"，为南山经济、社会发展提供了有力支撑，成为南山的一块"金字招牌"。

一、南山教育的追梦历程

教育是充满"梦"的理想事业。树理想，要有传承，重历史梳理。尊重历史，才有传承，才能有发展和创新。回顾过去，南山教育走过了重要的五个历史阶段。

第一阶段（1979—1989 年）：十年奠基阶段。

1979 年，邓小平在听取当时中共广东省委主要负责人习仲勋汇报后说："可以划出一块地方叫特区。陕甘宁就是特区嘛。中央没钱，要你们自己搞，杀出一条血路。"次年 8 月，全国人大常委会正式通过并颁布《广东省经济特区条例》，中国的经济特区就此诞生。

改革开放之初，南山教育基础非常薄弱，据统计，在校中小学生仅有2700 余人，中学教师仅 64 人，小学教师 169 人，达到国家规定学历者仅占 35%。

时代呼唤着南山教育的高速发展！在党和政府的高度重视下，南山教育人以"拓荒牛"的精神，在教育这块园地里辛苦耕耘着、奉献着，经过十年努力，南山教育建立了相对独立的教育体系，实现了普及九年义务教育，学校教育设施逐步完善，教师队伍得到壮大，教育质量逐年提升。

第二阶段（1990—2002 年）：从建区到成为广东省第一个教育强区。

1990 年 1 月，经国务院批准，南头和蛇口两个管理区合并，并于 9 月组建成现在的南山区。1992 年小平南巡，特区掀起新的发展浪潮，南山区社会、经济、教育也开始进入腾飞阶段。

南山教育虽在薄弱的基础上起步，但对未来进行了跨越性描述和想象，提出"到2000年左右，南山教育进入全国先进区县行列"。坚持教育优先发展，改造薄弱学校；实施"人才库"战略，在全市率先推出"名师工程"；全面推进素质教育，成立深圳市第一家区级教育科学研究中心；实施课程改革，强化教育特色发展，提高学生综合素质。

2000年，南山区成为广东省课程改革实验区；2001年，南山区成为广东省唯一的全国课程改革实验区；2002年，南山区被评为广东省第一个教育强区。南山教育从农村教育成功走向了城市教育。

第三阶段（2003—2008年）：从教育强区到成为广东省第一个教育现代化先进区。

2003年至2008年，随着中国社会发展进入全面转型升级及广东教育现代化建设到了新的阶段，课程改革在如火如荼地推进。南山教育发展迎来了重要的历史机遇。南山教育发展重心也发生了转变，浮现出了新的南山教育梦想，提出抢占课程改革、教育信息化、教育国际化"三个制高点"。南山人抓住课程改革这一素质教育的"牛鼻子"，在教育观念、教育体制机制、人才培养模式、教与学方式和管理评价等方面做了许多开创性探索；在广东最早探索教育国际化，培养师生开放意识和世界视野；创办全国第一个K12公办教育集团，在全市率先开辟人才引进绿色通道，积极追求"四个领先"，即力争在学校公民与思想道德教育、课程改革、信息技术应用、教育国际交流与合作四个方面达到全省乃至全国领先水平。

2008年，南山区被评为广东省第一个教育现代化先进区，成功实现了从城市教育向现代化教育的历史性跨越。

第四阶段（2009—2012年）：追求卓越教育，探索教育内涵发展，成为全国教育改革实验区。

2008年以后，南山教育人积极践行《国家中长期教育改革和发展规划纲要（2010—2020年）》精神，以"树国际城市标杆"为背景，以"对话、理解、融合、发展"为战略思想，创建卓越教育体系，建构了卓越教育发展平台，探索教育内涵发展。

2010年成为全国教育综合改革实验区，向"卓越教育国际先锋城区"

发展迈出了坚实一步。

第五阶段（2013 年至今）：实施质量攻坚五年行动计划，打造教育"南山质量"，成为全国义务教育优质均衡发展区。

2013 年 4 月，南山教育领头人的接力棒传到我手中，面对新阶段、新形势、新任务，我与班子成员一起，提出了"让每一所学校都优质，让每一位教师都精彩，让每一个孩子都幸福"的理想追求，确立"均衡化、优质化、多元化、国际化、特色化"的发展路径，出台了《南山区教育质量攻坚五年行动计划（2013—2018 年）》，着力推进质量攻坚十大项目，推动南山教育从速度到质量、从效率优先到追求公平而有质量的转型升级，致力打造贯通教育全链条的教育高地，争当深圳乃至全国教育质量的排头兵，南山教育开始了新的追梦之旅。

2014 年，南山区成为全国义务教育发展基本均衡区；2016 年，成为全国首批中小学校责任督学挂牌督导创新区；2017 年，获评教育部第一批教育信息化优秀试点单位。

1980 年前的南头中学

1992 年前的南头中学

现在的南头中学

二、南山教育新理想

有学者曾说过，没有理想的教育者就不可能具有追求卓越的精神，不可能在教育活动中洋溢着激情、诗意和活力。

2012 年 11 月 29 日，习近平总书记在参观《复兴之路》展览讲话时首次提出"中国梦"。2013 年 3 月 17 日，习近平总书记在第十二届全国人民代表大会一次会议闭幕会上发表重要讲话，再次阐述"中国梦"。2013 年全国"两会"期间，时任教育部部长袁贵仁在全国政协教育界别联组会议上回应政协委员的提问时，用四个词表明自己心中的"中国教育梦"：有教无类、因材施教、终身学习、人人成才。他说："我们教育的孩子应成为一个堂堂正正的中国人，成为能够适应 21 世纪世界发展潮流需要的有用人才。"

在此背景下，结合南山区委、区政府当时提出的"举自主创新大旗，树国际城市标杆，建设宜居宜业国际化海滨城区"的宏伟目标，在 2013 年南山暑期校园长学习会上，我提出我们也要有自己的理想，希望校园长能够去讨论教育理想，设计、设定、树立教育理想，同时践行、实施、实现教育理想。

会上，我从三个层面阐释南山教育人的教育理想或者"教育梦"：

一是真理。即对教育本真的认识。有一句话说得好，"抓住孩子就抓住了人类的未来，抓住教育就抓住了民族的未来"。作为教育工作者，要懂教育，明白教育是做什么的。

二是理性。即能对教育有理性分析，明白实现教育本真的方法和策略。

三是价值。即坚守心中的教育信念，做出选择并努力追求。

基于这个理解，我认为南山教育人的教育理想就是要让南山的每一所学校都优质，让南山的每一个孩子都幸福。我让大家进一步思考，除了学校要优质、孩子们要幸福，还有什么？我们试图再分解，如实现更加公平的优质教育，以人为本，更加人性化，让课堂成为师生生命绽放的殿堂，让教育回归本真，担负起教育的社会责任，等等。

会后，我们组织了一系列研讨，邀请了教育人、学生、家长、媒体人、企业员工、保安等社会各界人士参与讨论。经过一段时间的热议与思考，确定了南山新的教育理想：让每一所学校都优质，让每一位教师都精彩，让每一个孩子都幸福。

三、南山教育新理想的意蕴

理想具有凝聚共识、振奋精神、鞭策前行的巨大感染力。让每一所学校都优质，让每一位教师都精彩，让每一个孩子都幸福，这一教育理想，既体现了南山教育人的教育情怀，也是教育的永恒追求和最高境界。

让每一所学校都优质。办好每一所学校，满足老百姓对美好教育的需求，是针对转型社会下基础教育内涵发展的新使命、新任务而提出来的，是基于南山基础教育所处的历史方位和阶段特征的必然选择，是我们对均衡和优质进行全新理解和深刻认识后的主动作为。学校是教育变革的基本单元，每一所学校在转型期都站在同一个新的起跑线上，品牌学校、薄弱学校、新建学校都需要改革创新。我们把校际发展差异，看作教育整体发展的动力，不断运用激励或扶持手段去鼓励冒尖、推动发展、促进平衡，以全面打造教育的"南山质量"为主要"驱动"，建设更高水平的教育公平、更加完善的教育结构、更加美丽的教育环境，让政府提供的教育资源通过学校专业化的劳动，创造性地转化为能让学生切身体会到的教育服务。

让每一位教师都精彩。梅贻琦先生曾经说："所谓大学者，非谓有大楼之谓也，有大师之谓也。"大学如此，中小学亦是如此。我们通过制度、管理、教研为教师"赋能"，成就教师精彩，把教师职业从一种"谋生的手段"转化成一种品味幸福、服务学生和完善自我的作为"职业理想"的事业，让成为教师的人更优秀，拥有更充实、更有意义、更幸福的生活。

让每一个孩子都幸福。尽管幸福不是教育或生活的唯一目的，但它是核心目的。让每一个孩子幸福地成长成才，这是广大家长的殷切期望，也是对教育工作者的神圣召唤和嘱托。这不仅仅是一种教育情怀和教育理想，更是教育目的和教育宗旨。

具体可以从以下六个方面来理解。

第一，就是实现更加公平的优质教育。老百姓可以把孩子放在家门口去上学，有本地户籍的孩子和外来民工子女能够在同一所学校就读，让城市里的每一所学校都变成优质学校，下决心逐步缩小区内校际差距。积跬步而至千里，一点又一点的进步，最终将累加为教育的长足发展。

第二，就是以人为本，更加人性化。教育是培养人的事业，人是教育的出发点和归宿。但是，我们以往的教育过于重视知识的掌握，相对欠缺人性的温暖。我们用统一的大纲、统一的教材、统一的考试把本来具有无限发展可能性的人，变成了扁平化、单向度的人；我们用分数、考试，用升学率、就业率等冷冰冰的指标，代替了学生的个性和创造性；我们逼着孩子做没完没了的作业，强迫孩子从早到晚机械重复练习。我们要把发现人、发展人、成就人放在教育的核心地位，让每一位学生都能找到适合自己学习和发展的路径。

第三，就是让课堂成为学生、老师生命绽放的殿堂。给学生适合的教育，让每一堂课都成为学生和老师的生命体验，成为师生生命发展的基石；让每一堂课都充满爱心，充满生命的关怀；尊崇生命的尊严与价值，让强权远离对生命个体的漠视；让教育修缮美德，静候生命的花开。

第四，就是所有的南山教育人都应该有对教育的忠诚。用教育者的信仰、良心和责任冲破传统观念的禁锢，冲破功利主义的束缚，冲破权威的壁垒，敢于让教育回归本真——自由的生成与精神的唤醒。让学校教育成为学生"成人成才"的主阵地，让课堂成为教师实现自我价值的平台，让学生成为具有独立人格、适应现代社会和具有普世价值观的公民。

第五，就是担负起教育的社会责任。世界银行教育局局长阿克利卢·哈比特说过："每个国家必须确定优先要办的事情，每个国家必须在资源有限的时候做出艰难的选择。但是，一个国家能否成功地达到任何一个目的，都取决于本国公民的受教育程度。"所以，每一个南山教育人，从老师到父母，从校长到教育行政官员，都应该清晰地意识到自己肩上的责任，我们不是简单地教给学生知识和技能，我们是在奠定一个国家的基石，我们是在塑造一个民族的未来。

　　第六，就是需要从事教育工作的人具有奉献的精神。顾明远教授曾经说："没有爱就没有教育；没有兴趣就没有学习；教师的育人在细微处，学生的成长在活动中。"爱与奉献的确是教育的真谛。当然，教育不仅仅是奉献。教学相长，一个优秀的教师，应该能够与学生一起成长，应该能够充分享受日常教育生活带给他的感动与喜悦，应该能够通过阅读提升自己，通过写作反思自己，通过教学锤炼自己，成长为真正的教育家。教师有了专业上的成长和成就，就有职业的尊严，就能在奉献中收获，就能创造动人的教育故事。

　　走过来时路，不忘梦归处。这几年，南山教育以"让每一所学校都优质，让每一位教师都精彩，让每一个孩子都幸福"的教育理想贯穿始终，理论与实践交融，情怀与智慧共舞。在这几年的实践中，以蓝天山海为底，展一幅画卷；以机遇与热情为墨，书一纸风华。理想正逐渐成为现实。南山教育成了南山的"金字招牌"，为南山的经济发展和城市文明建设做出了重要贡献。

《南山教师宣言》引领教师角色生成

宣言既是教师使命的告白，也是对公众的承诺，更是对自己心灵的净化和对使命感与责任感的唤醒。我相信《南山教师宣言》的发布必将对南山教育的未来发展起到良好的激励作用。

——2014 年 3 月接受《中国新闻》记者采访

我，南山教师，
以信念、使命和关爱，
呵护学生生命，
尊重学生个性，
引领学生求真、向善，
陪伴学生共同成长。

我以教师职业为荣，
坚守平凡的岗位，
开放包容，立德树人，

演绎精彩课堂，
提升专业素养，
践行教育理想。

我，南山教师，
与同行学习分享，
与家长互信互敬，
与社区和谐发展，
让教育充满爱的阳光，
为实现中国梦奉献智慧与力量！

南山区教师在宣读《南山教师宣言》

2013 年 9 月 6 日，南山区召开庆祝第 25 个教师节大会。简洁而富有仪式感的庆典活动上，南山区在深圳市率先推出了《南山教师宣言》，近百名教师深情朗诵。

2013 年 3 月，我刚上任南山区教育局局长，一份关于师德师风的调研报告放到了我的案头。调查显示，教师职业倦怠现象严重，觉得自己每天工作很辛苦；但另一方面，家长对教师的满意度又不理想。

怎么办？为激发广大教育工作者对教师职业的热爱和教育激情，许多人描绘了一幅有关教师的画卷，常用的关键词基本是"伟大、崇高、神圣"等。社会对教师的这些角色期待，日积月累内化为教师的自我角色期待。这样的角色安排，造成了一种人为的对立：教师幸福和学生幸福的对立。就像一位老师所说：

师德，一顶光彩夺目的高帽；课堂，行走在爱与痛的边缘；家长，期望厚重如山……。的确，今天做教师的都有一个共同的感受：当老师真难！

围绕如何唤醒教师的使命感与责任感，我组织召开局务会专题研究。会上，按习惯的行政思维，有同志提议制定南山教师行为准则，列出"几个不准"。我想，这样类似于负面清单的文件，效果到底能有几何？乌申斯基说过，在教育中，一切都应以教育者的人格为基础，因为只有人格才能影响人格，只有性格才能形成性格。2010 年，新加坡教育部 28000 名教师共同勾画出教师团队的愿景——引领、关怀、启发，希望通过愿景宣言，让教师更专注于未来目标，提升教师团队的专业水平。美国教师联合会也编写《教师誓言》，作为全国统一执行的教师誓言。当今社会，一些专业化程度较高的职业已纷纷建立起自己的职业宣誓制度，如国家公务员、军人、医生、护士、律师等。这给了我一个启发，我们制定文件的目的不是"管卡压"，而是更好地"放管服"，我们能否通过这样一个文件，进一步激励广大教师热爱教育事业，增强献身祖国教育事业的光荣感、责任感和使命感，让教师体会到职业的尊严与欢乐？

刚好，2013 年教育部确定的教师节主题就是"祖国的未来与人民教师的使命"。经过讨论，局班子成员一致决定，以发布宣言的形式，明确南山教师所肩负的责任和使命，以此来净化教师的职业情感，使其树立坚定的职业理想信念。同时，也通过宣言向社会做出我们南山教师的庄严承诺。

起草小组首先展开了深入调研，邀请学生、家长、媒体人、企业员工、保安等社会各界人士座谈，了解他们心中的理想教师形象。在此，摘录几个代表性的观点：

王逸宣（深圳卫视财经频道主持人）：理想教师要有亲和力，与学生进行充分的沟通与交流。用善良、用心对待每个孩子，了解每个人的性格和品性。

章晓霁（蛇口消息报社总编辑）：理想教师是博学多才的，教学技术是精湛的，对学生的人文关怀是足够的，同时对学生的情感是丰沛的。既是学生的导师，又是学生的友人，跟学生能够友好相处，陪伴学生共同成长。

　　杨普琛（科技公司项目经理）：理想教师不仅要启迪思维，更要给学生示范和人格引领。

　　老梁（小区保安）：孩子喜欢、佩服，天天嘴上挂着"我们老师怎么怎么好"，甚至积极模仿的就是好老师。

　　陈霜阳（2011 年深圳市文科高考状元）：一方面期望老师有丰富的学识和足够的人生智慧启迪学生，给学生一种积极的、正面的榜样作用；另一方面期望给学生爱、尊重和鼓励。

　　在讨论中，大家慢慢形成了一个共识，那就是老师要有深厚学养，懂得尊重、爱护、引导学生。接着，我们又认真学习了国家、省、市一系列关于教师的文件以及教师道德研究理论成果，进一步明确了宣言的思路，就是要抓住三个关键词：爱、梦想、行动。

　　《南山教师宣言》以"我"的口吻，向学生、家长、同行、社会深情表白，我们要做享受职业的欢乐的创造者。初稿形成后，我们广泛征求了教师、家长和社会各界的意见，数易其稿，由长到短，经常为一个词、一个字，甚至一个标点争得面红耳赤。

　　《南山教师宣言》发布以来，宣言已成为引领教师精神成长的核心推动力。目前，齐诵《南山教师宣言》已成为南山校园的一道美丽的风景，以宣言作为行动准则已成为南山教师的自觉行为。老师们内心的热情和活力也成功地传达到了莘莘学子的心中，这种无声的教育力量弥足珍贵！

　　2014 年 9 月，深圳市教育局发布了《深圳教师宣言》：

我，深圳教师，　　　　　　　　演绎精彩课堂，

以立德树人为本，　　　　　　　提升专业素养，

引领学生爱国、向善，　　　　　践行教育理想。

尊重学生个性，

陪伴学生共同成长。　　　　　　我，深圳教师，

　　　　　　　　　　　　　　　与同行学习分享，

我，深圳教师，　　　　　　　　与家长互信互敬，

坚守平凡岗位，　　　　　　　　与社区和谐发展，

为实现中国梦奉献智慧与力量。

后来，教育部针对不同岗位性质的宣誓制度也陆续出台。如 2014 年 12 月，教育部发布了《高校辅导员誓词》；2016 年 9 月，教育部发布了《人民教师誓词（征求意见稿）》，并公开征求意见，引起了社会的积极反响。

一、《南山教师宣言》进一步明晰教师角色

教师不仅通过教学活动的开展影响学生，而且教师自身就是一个重要的教育资源。什么样的教师才能成为一个对学生起积极作用的教育资源呢？这就涉及教师形象的定位问题。教师既是承担教书育人这一职业角色的角色人，又是一个基于生物性而存在的自然人，穿行于角色人与自然人之间的教师才是最具人格感染力、最受学生和家长认同的教师。对教师的角色期待，是对教师角色丰富而充盈的美好追求。然而，现实学校情境中教师角色的迷失，使教师在似是而非的教育实践中"自由漂浮"，难以找到自身的立足点。

一是角色领悟意识淡漠。价值观念多元化带来的价值观念异化，使得教师的价值观出现不同程度的偏差，使得教师的价值理性处于自我放逐之态。这种状态下，他们从事的是"为现实的教育""为分数的教育""为升学率的教育"……

二是角色冲突调适困难。教师角色主要有角色间冲突和角色内冲突。角色间冲突主要表现为家长、学生、教育管理者等群体对教师角色的期望，尤其对于"好教师"特征的看法会因为有巨大差别而产生相应冲突。角色内冲突主要表现为教育改革赋予教师新旧角色变化产生的冲突。教师往往在各种期待与自我接纳方面感到"左右为难"，陷入无所适从的苦恼中。

三是教师角色实践行为失范。教育就是召唤和应答，教育者与受教育

者相互召唤和相互应答的过程。而教师在实践行为上的不力以及教育方式的欠佳，却让教育现实场景表征为没有应答的召唤和没有召唤的应答。面对具体而灵动的学生，有些教师却没有把教学视为一个可以滋养自我、丰盈自我生命的事业，没有及时转变教学观念，更新教师的角色认识，形成互惠共赢的教师共同体和教学相长的师生共同体。

《南山教师宣言》对教师角色进行了清晰定位，校正了教师角色偏差。

二、《南山教师宣言》的价值取向

习近平总书记在关于教育的一系列重要论述中反复强调，要培养德智体美劳全面发展的人，也就是说我们要培养人格完善的全面发展的人。而只有教师有完善的人格，才能把学生培养成优秀的人才。《南山教师宣言》汇聚全区广大教师的智慧，就是为了落实立德树人根本任务，倡导与时俱进又面向实践的新师德，凝聚南山教育新师魂，激励南山教师投入教育现代化的伟大事业中，做新时代美好生活的创造者和享受者。

《南山教师宣言》的发布，有助于强化教师的角色认知，激发教师的职业热情，约束教师的职业行为，增强教师的职业荣誉感，推进教师专业化建设，促进社会各界对教师职业的深刻理解与信任。

通过《南山教师宣言》，我们表达了对教师的角色定位：教师应是全民族和全人类道德和知识的继承者、体现者和传播者。教师应享有道德和法律赋予自己的全部人格尊严和正当利益，通过诚实的教育劳动创造人生的幸福；教师应有责任之心，教书育人、立德树人是教师的天职；教师应有仁爱之心，关爱学生，为学生一辈子的幸福生活着想；教师应有敬业之心，严谨治学、搞好教学是教师的专业责任；教师应有乐群之心，关心集体，尊重同事，自重重人；教师应有爱国之心、家国情怀，在平凡的教育教学岗位上，为社会的文明进步、民族的伟大复兴尽智尽心尽力。

三、《南山教师宣言》的文本解读

"我，南山教师"，"教师"是我们的身份，更是我们的职业。南山教师已经成为人们羡慕和尊重的职业。在"教师"前面冠以"南山"一词，职业自豪感油然而生。

"以信念、使命和关爱，呵护学生生命，尊重学生个性，引领学生求真、向善，陪伴学生共同成长。"多么真挚的话语，传达出一份沉甸甸的教师职业责任感，既有一以贯之的神圣使命，以灵魂塑造灵魂、以生命灌溉生命、以心灵温暖心灵、以精神引领精神，博爱、求真、向善，播撒科学与人文的种子，同时又具备改革开放发源地的领先理念，投身时代前进的洪流，与学生一道，不断成长进取，引领当代教师学养风范，探索现代教育文明深耕。如果世界上真的有缘，教育者与受教育者构成的师生之缘，可能是人生重要的缘之一。这一段总会让我的脑海浮现出苏霍姆林斯基与一个学生面对面谈话时的照片。他的眼神中透着爱的温情和柔情，是那么自然质朴，正是他所说的"把一切心灵献给孩子"的生动体现。

"我以教师职业为荣，坚守平凡的岗位，开放包容，立德树人，演绎精彩课堂，提升专业素养，践行教育理想。"古人云："师者，传道授业解惑也。"南山教师从事的是"为理想的教育"。但我们不驰于空想，不骛于虚声，而是立志做一个"现实的理想主义者"，在自己的生命舞台也就是讲台上，生成教育艺术，修炼教育智慧，在孩子们一点一滴的成长中收获快乐。

"我，南山教师，与同行学习分享，与家长互信互敬，与社区和谐发展，让教育充满爱的阳光，为实现中国梦奉献智慧与力量！"南山教师就应有这样的使命担当，把自我汇入集体，把世界装在心中，无数个教师小我，凝聚成坚实的教师团队，与同行、家长、社会形成教育合力，一道捧起孩子的明天，扛起民族的希望。

曾任中国教育科学研究院驻南山专家组成员的李继星在《中小学教师誓词三论》一文中写道：在设计教师誓词时，一要使教师成为誓词起草的主体，既要由学校以及相关教育行政部门，由教师行业组织、教师社团组织牵头制定，更要由宣誓教师共同参与制定誓词内容；二要具有精神引领性，充分体现教师献身教育事业的精神和职业态度，充分体现教师职业的特殊性，充分体现教师的终身学习、可持续发展的要求；三是誓词表达形式要讲究，要处理好教师誓词与国家法律、行政规章相关内容的关系，要尽力避免空洞，用词要优美，在形式上要朗朗上口。《南山教师宣言》在起草的时候，遵循了这一原则，突出教师的主体地位，注意表达形式，文辞优美、规范、凝练，起到精神引领和行为指导的作用。

四、《南山教师宣言》仪式化催生共同价值观

仪式是由人们日常生活中的行为模式演变而来的。美国传播学者詹姆斯于 20 世纪 70 年代提出传播仪式观，该观念视传播为仪式，注重其中的意义分享和价值引领。仪式化传播能够传递和展现仪式中的价值观念，构筑社会共同体，催生相同的价值观，并使其被付诸实践。

苏格兰人类学家维克多·特纳指出，仪式源于生活但高于生活，具有重塑时空的力量，传统或创新都能在其构筑的时空中发生。对学校场域发生的仪式而言，大多会把焦点放在仪式参与者——学生身上，却忽视了在其中起着关键作用的教师。"教育仪式是教师教育生活的缩影、中心与范本，仪式参演是教师与时代教育精神、教育生活沟通的微妙渠道，是变革教师教育生活图式的一条捷径"，据此，我们将朗诵《南山教师宣言》列为新学期开学的"教师第一课"。在新岗教师入职仪式上，新教师要诵读宣言，如同医生入职要诵读《希波克拉底誓言》一样，将职业精神融入教师自己职业生涯的第一天。有些学校还开展了"《南山教师宣言》大家诵""《南山教师宣言》大家谈""《南山教师宣言》我践行"等主题活动，《南山教师宣言》真正走进了校园，走进了教师内心，成为教师履职尽责的精神动力和行动指南。

教育的"南山质量"是这样炼成的

> 以国际标准高位谋划南山教育的新一轮改革和
> 发展，快速跨入创造新品质、追求高质量的南山教
> 育新时代。
>
> ——2014 年 3 月接受《中国新闻》记者采访

2002 年，我有幸受深圳市委组织部的派遣，到美国加利福尼亚大学圣地亚哥分校做访问学者。访学期间，围绕美国公立基础教育改革、全面提高教育质量、积极创建世界一流基础教育这一主题，我到数所中小学和幼儿园进行合作研究和访问，广泛调查研究，查阅大量资料，零距离接触体验了美国文化和教育，感受到文化多元、高扬个性、鼓励创新、奉行实用、合作共享、追求卓越等价值观均以不同方式影响着美国学校的组织形式和教育方式。

回国后，我参考了美国优质学校模式、指标体系、推进基础教育质量优化的 20 个著名行动计划，以及蕴藏其中的可贵经验和启示，以"质量与效能——美国创建一流基础教育的启示"为题撰写了研究报告，后由南京师范大学出版社出版。在报告中，我提出要重新完善我国基础教育质量内涵，认为学校教育质量是一个综合概念，打造学校教育质量是包括学校环境、文化、法规制度以及学校教育全部要素的连续全面的创造和监控的过程，因而不仅是一种教育结果，而且是一种教育哲学和教育过程。要从深圳社会经济发展和深圳人的现代化出发，系统研究每个学段、每个年

级、每位学生的知识技能和人格发展标准，建立深圳市高质量基础教育质量标准体系，并以此来引导新一轮课程改革。

访美归来

一、从"深圳质量"到教育的"南山质量"

经过 30 多年的快速发展，深圳实现了由"深圳速度"向"深圳质量"的跨越发展。同时，我们必须反观深圳发展的历史，不能简单地说特区从"深圳速度"跨越到"深圳质量"，"速度"和"质量"其实是相辅相成的，要理解"深圳质量"的核心，它应该是一个以人为本、以诚实为本的综合创造与不断发展的概念。深圳 30 多年来的跳跃式发展造就了"深圳速度"，也创造了"时间就是金钱，效率就是生命"等高质量的理念与新型质量标准，但也正是因为深圳的跳跃式发展，没有经过工业化的洗礼,因而导致标准和规范意识不够。"深圳质量"的提出,有着深层的含义,是一种文化、创造、系统、改进、行为,也是一种同化(教育)。

可以说,我们进入了一个创造品质、追求质量、体验幸福的时代。"深圳质量"需要教育的"深圳质量"支撑。时任深圳市市长许勤提出,教育是一座城市发展的基础和重要支撑,对提升市民整体素质,提升城市品位和长远竞争力发挥着重要作用。全市教育系统要始终坚持质量引领,不断提升改革水平和创新能力,努力打造"深圳教育"品牌。

"质量"英文为"quality",本指某一给定实体的性质,只描述事实,不做价值判断或好坏区分。随着使用语境的变化,质量的定义中出现了价值判断的成分,使质量有了评价的意义。

2011年初,美国质量协会(ASQ)邀请150名著名的质量专家进行未来质量的研究。研究组认为对未来质量最具决定作用的有8项驱动力:全球责任、消费者意识、全球化、变化速度的增长、未来的劳动力人口、人口老龄化、21世纪的质量实践、创新。质量的打造是一个全面的、综合的创造的过程。未来质量的8项驱动力中,有4项是来自人的因素。具体到一所学校的教育质量,一项非常值得重视的指标就是学生和家长对于教育的评价和满意程度。我在育才教育集团担任校长时,在国内率先导入美国波多里奇卓越绩效标准进行学校管理。2008年,育才教育集团获得"南山区人民政府质量奖"。后来,区教育局在全区中小学校中倡导并大力推进、全面导入卓越绩效管理模式,多所学校成为全市开展教育系统卓越绩效管理试点单位,从不同的角度探索尝试导入卓越绩效管理模式并取得了阶段成效,蛇口育才教育集团育才第二小学(简称"育才二小")、后海小学、珠光小学等也先后获得"南山区人民政府质量奖"。

2013年,我们认识到,未来五年将是南山教育重大战略转型的关键时期和攻坚阶段。南山作为深圳教育的改革先锋城区,作为全国基础教育课程改革的"一面旗帜",正式提出要打造教育的"南山质量",积极争当深圳教育质量的领跑者。我们提出未来五年南山教育发展的指导思想:要以"立德树人,办人民满意教育"为目标,遵循"抓质量、促公平、求改革、增效益、见成效"的原则，依照国际标准，继续深化与中国教育科学研究院（简称"中国教科院"）的战略合作，抓住南山教育发展的核心部位和关键环节，实现思维体系、话语体系和行为体系三大转变，全面推进十大攻坚项目，全力打造教育的"南山质量"，努力实现南山教育和谐、可持续发展。

二、教育"南山质量"的内涵

《国家中长期教育改革和发展规划纲要（2010—2020年）》把提高质量作为我国教育改革和发展的核心任务，把"制定教育质量国家标准，建立教育质量保障体系"作为提高教育质量的重要手段和基本要求。

提出教育的"南山质量"时，我们学习、借鉴并引进了国内外先进地区的质量准则。

一是学习借鉴美国波多里奇卓越绩效标准，导入卓越绩效模式。波多里奇卓越绩效标准主要是按照领导、战略规划、机构对消费者和市场的关注、信息和分析、人力资源的管理、过程管理、绩效结果的关注等七大领域对企业产品或服务进行考核评价。后被引入教育领域，是迄今为止较为科学、完善的组织可持续发展管理模式，有助于学校确立更高的教育目标，实现教学管理从注重定性到注重定性与量化相结合的转变，逐步建立现代教育管理框架和行动体系，促进学校教育管理过程的精细化、标准化，有利于提升学校管理、教育教学过程的效率，提高教学质量和办学水平。

二是学习并借鉴上海的"绿色评价"体系。2011年，上海提出构建义务教育质量"绿色评价"体系，推出学生学业水平指数10个"绿色评价"指标，促进教学质量评价改革，形成让中小学生快乐学习、促进素质教育更科学全面的指挥棒。这些绿色评价指标包含了学生学业水平和各相关影响因素，并有具体的衡量标准。这给我们后来发布学生身心发展指数等报告提供了启示。

打造教育的"南山质量",需要研究质量标准。关于质量标准,一般来说有两个依据:一是符合性标准,二是适用性标准。教育的"南山质量"是二者兼而有之:从符合性标准看,南山教育要以国际优质教育标准作为参照系,来设计教育改革和发展蓝图;从适用性标准看,南山教育要以适合学生和利益相关者(包括政府、家长和社会各界等)的需要作为衡量教育质量高低的依据。其中,前者定位高端,是一种境界和追求;后者则依据现实,是一个脚踏实地、不断积累的过程。

具体来说,教育的"南山质量"体现在以下几个方面。

在教育价值取向上,从过度追求现实功利,转向促进学生全面发展。受传统文化和市场竞争的影响,教育成了追逐功名的工具,社会、政府和学校仍习惯于将学业成绩和升学率作为评价教育质量的唯一标准,客观上造成了教育价值观的误导,对教育的发展带来了严重的负面影响。只有让学校摆脱升学率的压力,让学生脱离一考定终身的窘境,学校才能正常办学,学生才能全面发展。

在教育质量评价上,从过度注重学科知识成绩,转向全面而多样的综合评价。如何从过度偏重学科知识成绩,转向全面评价学生综合素质和个性特长发展,建立和完善全面的质量标准,这是一个重点,也是一个难题。不仅因为学生的素质是多方面的,表现是多样化的,更因为学校教育的效果、学生表现的优劣,是在若干年后,在高一级的学校或走上工作岗位之后才能显现的。这就要求我们的评价是发展的、动态的,既是综合的、面对全体

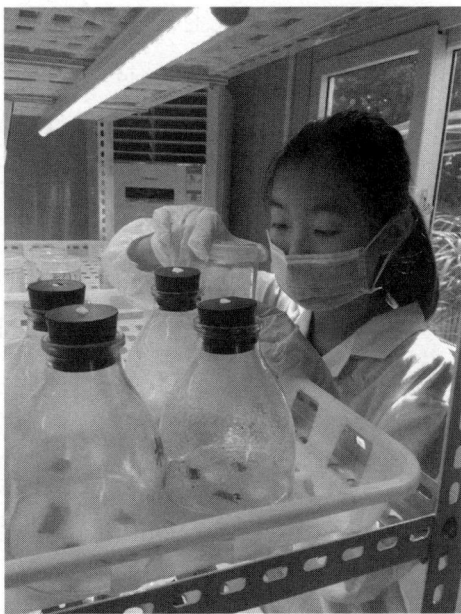

学生在科创特色课程"组培课程"上

的，也是个性化的、一对一的。

在学生培养模式上，从标准化、同质化教育，转向注重需求导向的个性化培养。我们长期实行的高度统一和标准化培养模式，形成了同质化的教育，培养了同质化的学生。很显然，既不利于培养学生的创新思维，培养有个性、有特点的学生，也不利于学校的特色化发展和社会多样化的需求。我们既要做到以需定学，也要做到以学定教，真正形成多样化、人性化、个性化的教育。

在教师专业成长上，从强调掌握学科知识和教学技能，转向注重专业素养和教育境界。我们习惯于强调学科知识的传授和教学技能的培训，而忽视了教育思想、教育境界、职业精神和研究能力的提升；只注重于实用、管用、有用，只热衷于熟练、演练、操练；只考虑教案、教法和教态。最后培养的都是熟练工和教书匠。教师的专业素质和学业素养，教师的职业精神和人格修养，不仅是教师个人专业成长的关键，更是学校发展、学生成长的关键。

在教育管理方式上，从单纯依靠行政命令，转向更加强调思想和专业引领。长期以来都是在政府行政管理为主的体制下运行，学校很难有办学自主权。从行政领导转为思想领导，从行政命令改为专业引领，从具体指导变为宏观调控，从领导变为服务。这既是各级各类学校的期盼，更是教育改革和发展的必然。实际上，人们所说的重大战略突破就在于此！

应该说，这五个方面是目前基础教育的"牛鼻子"，实行这五大战略转型既是社会发展的需要，更是教育内在因素和内涵发展的需要。不然，即使政府投入再多，学校建得再漂亮，老百姓依然不满意，因为孩子们不能在学校健康快乐地成长。

三、教育"南山质量"的实施策略

打造质量，需要实实在在的行动去实施、推动。2013 年，我们精心研制推出《教育质量攻坚五年行动计划》，涵盖观念、队伍、各层级教育、行政管理、教书育人等十大领域，确立了六大实施策略。

一是促进南山教育的高位均衡。进一步优化教育资源配置，创新集团化办学体制，提升学校管理水平，完善教师交流制度，缩小片区间、学校间、学生间的差异，让所有学生在不同的学校中都获得公平、优质的教育，实现南山教育高位均衡发展。

二是树立南山教育的国际化标杆。学习借鉴国际先进教育理念，引进国际优质教育资源，打造国际交流的教育平台，制定学校推进教育国际化的标准体系，建设国际化的教育先锋城区。

三是构建南山教育的信息化品牌。建立健全学校信息化建设与应用的保障机制；建设泛在、智能、实用的教育信息化基础环境和资源体系，提升区域教育信息化领先优势；提高师生的信息化意识、素养和应用能力。

四是提升南山教育的素质化内涵。以素质教育为导向，以学生的生命发展为根本，深化课程改革，变革教育教学方式与评价方式，提升学生学业水平，增强学生人际交往、社会适应、实践创新等未来发展所需要的关键能力，培养合格公民。

南山区学校100%配备外教

科技节活动

五是推进南山教育的个性化发展。树立多样化的人才观，关注学生的个性化需求，创造有利于学生个性发展的教育环境，促进学校教育教学的特色化、多样化发展，实施差异化教学，让所有学生获得符合其个性的成长与发展。

六是提高南山教育的社会满意度。进一步增强学校与社会、社区间的联系，争取社会对教育的认可与支持，吸引吸收更多的社会资源投入学校教育中来，提高社会各界对南山教育的满意程度。

时任南山区委书记李小甘同志对此给予了高度肯定，在调研时指出："教育的'南山质量'是一个与南山区域地标相符的定位，应成为南山的品牌与招牌。全体南山教育工作者都一定要认准目标，咬定青山不放松，坚持不懈，全力以赴地把质量做好、做强。"通过几年的努力，我们取得了预期效果，校（园）长问卷调查显示，大家对我们的整体举措满意度达到90%以上，其中"教师观念革新""青少年人才培养工程""品牌学校打造与推广""教育国际化推进"4个攻坚项目满意度达到100%。

趣味运动会轮滑比赛（南山某校）

英语节活动

四、教育"南山质量"的再认识

一是"南山质量"要与南山区域发展的高端定位相匹配。

南山区的建设目标从"建设宜居宜业的现代化海滨城区"到"世界级创新型滨海中心城区",经济社会结构和产业调整转型始终紧紧围绕国际标准和质量展开。

按照区域发展的这一高端定位,我们把打造教育的"南山质量"作为办好教育的价值追求,制定《南山区教育质量攻坚五年行动计划》,秉承"抓质量、促公平、求改革、增效益、见成效"的原则,对照国际标准,深化南山教育领域综合改革,抓住教育发展的重点领域和关键环节,全面推进十大攻坚项目。

我们围绕构建卓越教育体系,采用组合拳的方式,借鉴卓越绩效管理核心理念,推进区域层面、学校层面的全面质量管理和教育教学质量监测。全面导入卓越绩效管理模式,与优质学校改进行动、中小学教育质量综合评价、校长领导力、课程与教学、创新人才培养、教师专业发展、南山教育云等紧密结合。既有抓手,又促进学校自我改进,自定标杆,动态排名,在更高层次上提高南山教育公共服务质量。

二是打造教育"南山质量"的核心是研究和制定质量标准。

教育质量是个多层面的概念。衡量教育质量需要有一定的标准。标准既是指比较的准则和尺度,也是指要求达到的一个具体目的的优秀程度,体现为一种追求。教育质量内涵的理解不同,目的不同,评价是否"合乎需求"也有所差异,这直接影响到教育质量标准的确立。

教育质量标准及其相关的评价,是考量教育质量的重要抓手。从教育质量标准的历史来看,可以分为客体性(以合格测量为标准)、主客性(以管理绩效为标准)、主体性(以消费者需要为标准)、主体间性(以创新和可持续发展为标准)。从系统论来看,衡量教育质量的标准有三个层面相互依存、相互关联并相互作用,共同构成一个整体。"教育主体生存发展需求"是提供教育的质和量的潜在力量和最终落脚点，是提高教育质量的目的，"社会进步的劳动力和成果的需要"是教育现实性的社会保证，使高质量教育的结果能够从可能转变为现实，"教育资源配置的效率"为提高教育质量提供物质和人力、财力等直接的条件支撑。

因此，教育质量标准有微观和宏观两个层面。从微观上看，可以建立学生发展的学业水平等综合素质评价及标准。从宏观层面，我们可以建立多个领域的标准，比如，集团化等办学体制改革的标准、学校国际化程度的标准、学生创新教育的标准等，这些标准共同构成南山教育质量，并作为衡量南山教育质量健康状况的"体检指标"，反映出南山教育发展的整体发展情况。

质量不仅是一个标准，而且具有美学特征，因为它是一个永恒的追求与创造过程。教育不再是人生经历的一个具体阶段，而是与人生旅途始终相伴，是幸福的元素。追求教育高质量就是创造人生幸福的过程。2005年联合国教科文组织发布的全民教育全球检测报告中，指出：质量决定了学生学习收获的多少和好坏，决定了他们所受的教育能给他们带来多大的益处。

科学化、标准化之路充满了魅力，艰难且富有挑战。

质量攻坚：用行动说话

> 我们生活在一个非常幸运和幸福的时代。南山教育工作者，一定真抓实干、点燃激情、怀揣梦想、齐心协力共筑南山"教育质量"，无愧于"人民教师"这个职业。为了这个最高荣誉，我们将选择用行动说话，用成绩表态。
>
> ——2014 年 11 月 25 日接受《深圳特区报》专访

南山因改革而生，南山教育因创新而强。自 1990 年建区以来，南山坚持教育优先发展，是历届南山区委、区政府的战略认知。教育已经成为南山社会经济发展的核心竞争力之一。一代又一代南山教育人凝心聚力，全面深化教育综合改革，实现了从农村教育到城市教育、从城市教育到现代化教育的历史性跨越。

回顾过去，南山教育写满成就和光荣。1990 年，南山建区，南山教育风雨兼程。南山教育人用智慧和汗水，浓墨重彩地书写了教育改革创新的辉煌篇章：全国基础教育课程改革实验区、广东省首个教育强区、广东省首个推进教育现代化先进区、全国未成年人思想道德教育实验区、全国推进义务教育均衡发展先进地区、全国阳光体育先进区、全国教育信息化改革综合试点区……教育综合实力跃入广东乃至全国前列。

区委书记王强（右四）出席南山北部片区创新发展现场会

一、用发展的眼光做好顶层战略设计

2013 年 3 月，区委组织部门公开推荐、公开选拔，我被区委、区政府任命为南山区教育局第七任局长。我深刻感受到区委、区政府对南山教育的关心和重视，社会对南山教育有着更高的期待。我必须怀着感恩的心，团结带领全体南山教育人，凝心聚力，谋大局，谋未来，谋发展。面对新阶段、新形势、新任务，我们必须有新作为。

接过南山教育领头人沉甸甸的接力棒，我深感责任重大。我常常想的一个问题就是，历任局长推动了南山教育的不断改革和发展，我应该怎样在传承中去发展、在传承中去创新，在新的社会背景下续写南山教育的更大辉煌？

做好顶层战略设计是南山教育的宝贵经验之一。南山的历任教育局长都为此做出了巨大的贡献。刘焯铿老局长在 1993 年制定的《南山教育工程》和李忠俊老局长制定的课改策略就是这种超前的杰作。未来发展取决于前瞻设计,这是南山在历次基础教育改革中一直领先的秘诀。

有鉴于此,在上任伊始,我和班子成员就多次开会研讨,听取他们的意见建议。另外,经常性地深入学校调研,摸一手情况,同时连续召开了三次座谈会,请校长、园长、一线教师就未来南山教育事业的更大发展献计献策。

调研座谈,收集意见建议,让我在珍惜南山教育取得的辉煌的同时,也更加清醒地看到南山教育面临的挑战。南山教育正处于高位运行阶段,教育系统面临着来自内外部的诸多挑战。就内部而言,教育管理亟待进一步精细化,教育质量亟待进一步提升,党风行风和廉政也存在风险,等等。在外部,南山教育如何应对社会经济、科技、文化进一步发展的需求?南山教育在这种所谓"前有标兵,后有追兵"的激烈竞争环境中,如何继续保持这种领先的优势位置?这些内外因素值得我们研究与探索。

二、科学制订教育质量攻坚五年行动计划

挑战亦是机遇。需要南山教育人继续发扬"敢为天下先"的特区精神,锐意革新,积极进取,继续传承、引领,共同推进南山教育再上新台阶。在反复思考之下,在传承历任南山教育领头人发展路径之上,我与班子成员一起,提出了"让每一所学校都优质,让每一位教师都精彩,让每一个孩子都幸福"的南山教育理想追求,确立了"均衡化、优质化、多元化、国际化、特色化"的发展路径,把打造教育的"南山质量"作为我们的行动目标。但我也深知,南山教育既要仰望星空,更应脚踏实地,不驰于空想,不骛于虚声。因此,我提出要出台《南山区教育质量攻坚五年行动计划(2013—2018年)》,以质量攻坚项目为抓手,努力构建一条质量提升的实施路径。

起草《南山区教育质量攻坚五年行动计划(2013—2018年)》,宗旨就是要持续推进各项教育改革,突出学生全面和谐个性化发展,不断提升

南山教育质量，办人民满意的教育。该计划的基本思路就是认准一个目标，总体设计规划五年发展任务，每学期、每学年做一批实际的事情，坚持下去，必见成效。其起草方式为自下而上与自上而下相结合，让教育行政人员、校长、教师和社会各界人士广泛参与，座谈讨论，建言献策，找到好点子，拿出好办法。

在刚起草的时候，思维比较发散，在盘点了南山基础教育发展过程中的关键领域、难点、痛点等方面后，初步思考可能涉及的领域有："教师专业成长计划""南山校（园）长领导与管理能力提升及后备干部培养计划""高中发展与中高考水平提升行动计划""南山教育国际化推进计划""教育均衡与优质学位配置行动计划""教育信息化行动计划""南山民办教育振兴行动计划""学前教育公益普惠发展计划""学生体质发展与公民养成、科学素养与创新人才培养计划""学校安全计划""南山职业教育和学习社会建设计划""南山教育财务后勤管理和廉洁校园建设计划""南山教育特色与优秀成果总结推广计划""教育督导和教育评价计划""学校阅读与课程改革、课业负担减轻计划"。紧接着，我们与中国教科院驻区专家反复探讨论证，多方征询意见，最终厘清了思路。

我们的行动计划必须围绕"创强争先建高地"和"争当教育领跑者"的教育定位，紧扣南山建设"三区一高地"的区域战略布局，秉承"抓质量、促公平、求改革、增效益、见成效"的原则，力求对照国际标准，深化南山教育领域综合改革，抓住教育发展的重点领域和关键环节。

科学的教育质量观要求把促进人的全面发展、适应社会发展需要作为衡量教育质量的根本标准。实施教育质量攻坚行动，必须采取科学有效的工作方针，具体说来有六大方面：立德树人，对标国际，问题导向，重点攻坚，传承创新，立足民生。立德树人是教育工作的根本任务，对标国际是提升质量的重要途径，问题导向是工作思路的主要策略，重点攻坚是改革发展的主要抓手，传承创新是质量攻坚的强大动力，立足民生是教育使命的本质追求。

明晰了工作方针，我们进而提出攻坚的目标。我的想法是，未来五年，在保障公平正义的前提下，实现教育质量的全面提高，实现南山教育的均衡化、国际化、信息化、素质化和个性化发展，在国内外形成具有一定知名度的教育的"南山质量"品牌。

百名学生绘画

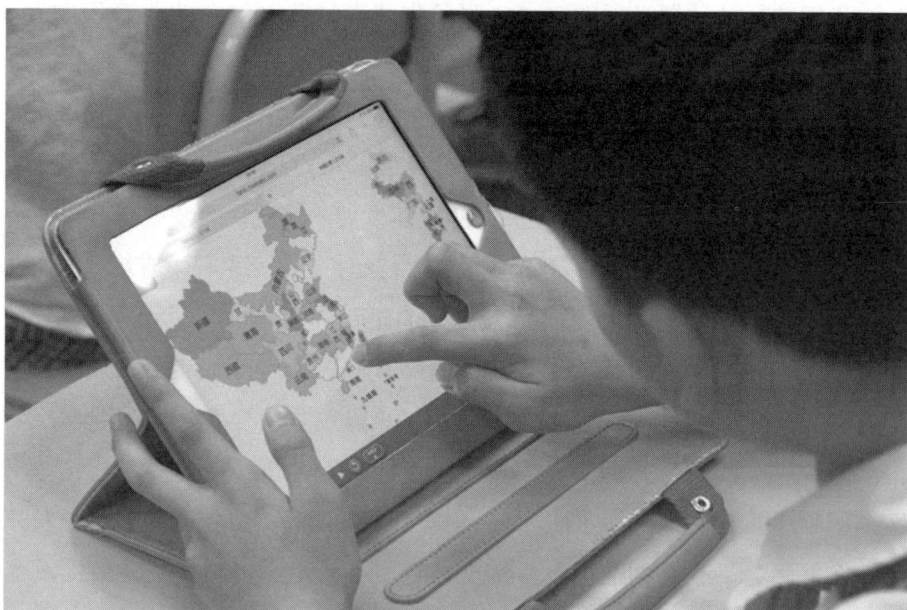

学生正在用泛在学习软件进行地图拼图比赛

三、十大攻坚项目突破教育发展瓶颈

根据攻坚目标，我们在顶层设计上设置了质量攻坚十大行动项目，深入开展教育攻坚行动，重点突破教育发展瓶颈，持续推进南山教育整体变革和科学发展。质量攻坚十大行动项目分别是："教育观念革新""打造高素质教师队伍""资源优化配置和校园建设""职业、民办、幼儿教育优质协同发展""深化推进科研课改""品牌学校打造与推广""青少年创新人才培养工程""高中特色化发展""教育信息化管理与应用""教育国际化推进"。

为更好地描述南山教育的国际化、信息化、均衡化、素质化和个性化"五化建设"目标和质量攻坚十大行动项目之间的关系，我们还特意绘制了南山教育质量攻坚十大行动项目与教育目标发展结构图。

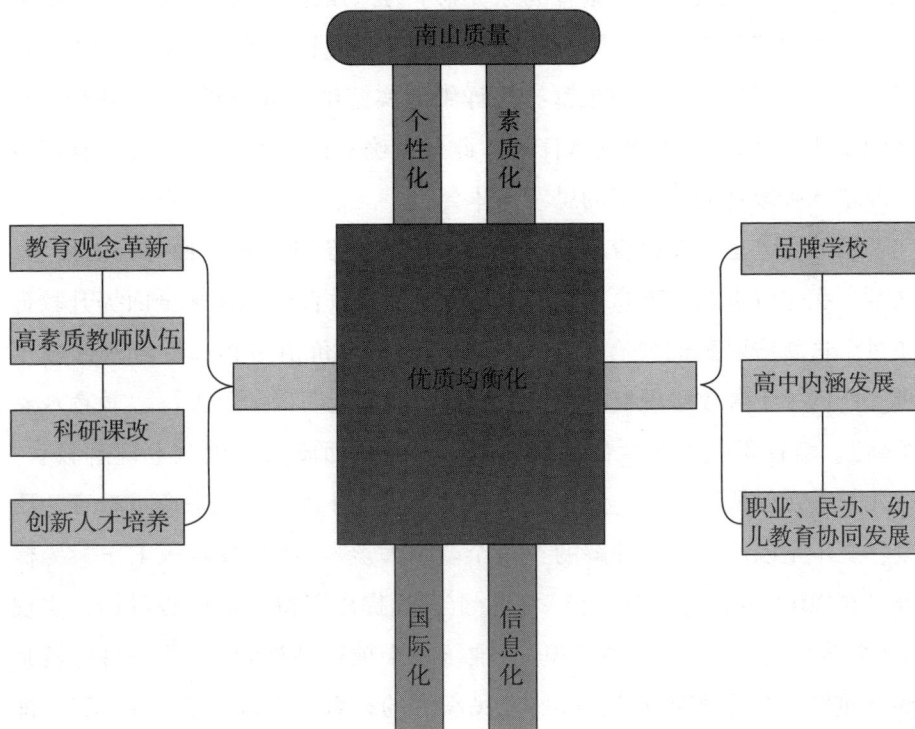

质量攻坚十大行动项目与教育目标发展结构图

　　这个模型以"人"的结构为原型，通过"人"的形象诠释了南山教育人的理想，建构了教育的"南山质量""质量攻坚十大行动项目"及两者之间的关系，即通过"质量攻坚十大行动项目"，实现南山教育的"五化建设"目标，打造教育的"南山质量"，让每一所学校都优质，让每一位教师都精彩，让每一个孩子都幸福。未来五年，南山教育人以优质均衡化发展为中心，以培养个性化和素质化人才为目标，践行"两条腿走路"策略，一条是国际化道路，一条是信息化建设之路；坚持"两手抓两手硬"策略，一手抓人才建设，包括教育观念革新，打造高素质教师队伍，推进科研课改，强化青少年创新人才培养，一手抓学校建设，包括职业、民办和幼儿教育协同发展，高中内涵式发展，品牌学校建设。

　　应该说，这些项目直面挑战，涵盖了老百姓关注的教育热点和南山教育发展的重点领域和关键环节。比如，促进公平均衡和优化资源配置，增强学前、成教职教和民办教育的综合竞争力，强化扶持高中教育，实施拔尖创新人才培养工程，引领校长教师队伍专业成长，等等。另外，质量攻坚十大行动项目中每一项也都给出详细的实施细则和举措，少则四五项，多则十几项，共计71项具体任务。此外，确立的这些项目，我也有着自己深耕基础教育近三十年的思考与体会。

　　第一要务是革新教育观念。随着国家的进步和发展，面对新的国情、区情，我一以贯之的理念是，南山教育要通过教育国际化来全面提升教育质量。这就需要我们要有一个高端鲜明的教育价值引领，使教育回归本真。所以，十大攻坚项目的第一大项目，我们就明确了要进行"教育观念革新"。教育要以人的生命发展为本，要在全面质量的概念上理解教育，这才是教育的最高价值。而不是仅仅以成绩、分数、考试来衡量教育的质量，更不是以部分家长理解的"考个名牌大学""找份高收入工作"为标准。在2013年的校（园）长学习会上，我提出坚持一个核心目标，实现"三个转变"，树立"八种意识"，推行"十项行动计划"。核心目标就是要全面贯彻党的教育方针，办好人民满意的教育。实现"三个转变"，即转变思维体系、话语体系和行为体系。不要固守，要虚心静气，听得进意见和批评；要讲真话、实话、家常话，要学会聆听、多讨论、常对话；要适应时代潮流，改变固有行为方式。树立"八种意识"，即政策意识、规则意识、自觉意识、服务意识、开放意识、修炼意识、安全意识和改革意识，用勤劳和智慧促进南山教育和谐发展，实现南山教育质量的新突破。

推进教育国际化势在必行。我们提出"教育国际化推进"这一项目，是基于纵览当今教育，国际化已成为必然的趋势。南山区委、区政府一直以来，都以战略眼光部署推进南山教育国际化的工作。南山教育今天所处的阶段，正是追求教育内涵发展、探索教育国际化的阶段。对此，我们更是需要进行全面分析、提升，按国际标准，设计区域教育的国际化道路，引入国际理解教育课程。过去，我在育才教育集团做校长的时候就有过一些探索和实践。比如，我们请进来一些外籍教师，他们讲孩子们喜欢的故事，这在很大程度上影响和改变了我们的一些传统授课方式。我还让中外教师一同备课，一起讲课，现场交流，多元文化嫁接，催生优势，双向互动，彼此借鉴吸收。关于国际标准，我经常说要摒弃两种偏见。一是讲到国际标准，以为就是美国标准，其实不然。放在全球化背景来看，美国标准只是我们参照的标准之一，英、法、德、澳等国，还有新加坡、日本、印度这些国家的好教材、好教法，我们都可以参照、借鉴。二是讲到国际标准，就是将国外的优秀教育文化引进之后，按我们的意图，随意修改，有的甚至被改得一塌糊涂，面目全非，成了中文版教材。这也不好，人类一切好的、优秀的文化成果，我们就是要大胆吸收。国际化不能仅停留在口头上，既要有项目，又要能通过课程实现。我认为，学习国际优秀的现代学校管理制度更为迫切。当下，我们在迈向教育国际化的进程中，师生的自我管理体系、能力、意识等不足，正成为挑战。我们要使校长负责制更加机智、灵活起来，要借助现代企业管理理念，使校长、教师更加走向自觉，学会自我约束，这样，学校办学质量才能提升，区域教育的更大发展才能成为可能。这是我们的逻辑起点，也是国际化教育面临的最大挑战！

与时俱进打造教育信息化项目。教育信息化项目的提出，是基于信息化改变了我们的生存方式，改变了我们的教育形态，它是一场教育革命。传统的教育模式，是把学生圈在学校，老师讲，学生坐在那儿被动地听，被动地学。有了网络后，学生完全可以坐在家里自主学习。学生的学习答案，来自同伴和网络的比例越来越高。尤其是在线课程的开通，使网络教育越来越系统化。很多在教室里都找不到的答案，在线课程上都能找到。我们从拥有一部计算机到拥有网络，再到存储信息资源，到今天的大数据时代，信息多得简直是"乱花渐欲迷人眼"。乔布斯甚至说过网络可以取代学校，因为学校教学内容的更新速度太慢，根本不能适应这个飞速发展的时代。教育的发展，就体现在我们如何利用网络，适应时代需要。我们必须要变，要跟上潮流，一往无前。但是需要我们思考解决的难题在于：数据、信息太多，要如何教会学生懂得调配，懂得选择？所以说，网络时代改变了学生的学习方式，也改变了老师，更是改变了整个教育形态。我们只有迎头赶上，随变而变，才能不落伍，不被抛弃。

四、在调整完善中迈向新境界

质量攻坚十大行动项目提出后，我们也在不断地实践，并不断地优化完善。2016年，我们对行动计划进行了中期评估，给校（园）长们发放了调查问卷。根据反馈结果，几乎所有的行动项目满意率都在95%以上，有三个项目满意率达到了100%。这说明，一线的教育管理者对我们的顶层设计是支持的，也是有感受的。当然，我们也针对大家的意见建议，对行动计划的措施不断进行优化调整，我也始终相信，只有不断修正，南山教育才能走得更远、更稳、更好。

2018年，当质量攻坚十大行动项目收官的时候，南山教育的荣誉册上又添了亮丽的几笔：南山教育先后通过了全国义务教育发展基本均衡区评估、全国责任督学挂牌督导创新区评估等重要评估，获评教育部第一批教育信息化"优秀试点区"，义务教育质量监测各项指标成绩连续两年全省第一，与北京水平持平，政府履行教育职责评价成绩全省第一。特别是，2018 年 7 月，南山区委王强书记在南山北部片区创新发展现场会上宣布，南山已经实现了南北教育的优质均衡。这些，给了我们南山教育人莫大的鼓舞，无疑更是对南山教育质量五年攻坚最好的褒奖。

变革·行动

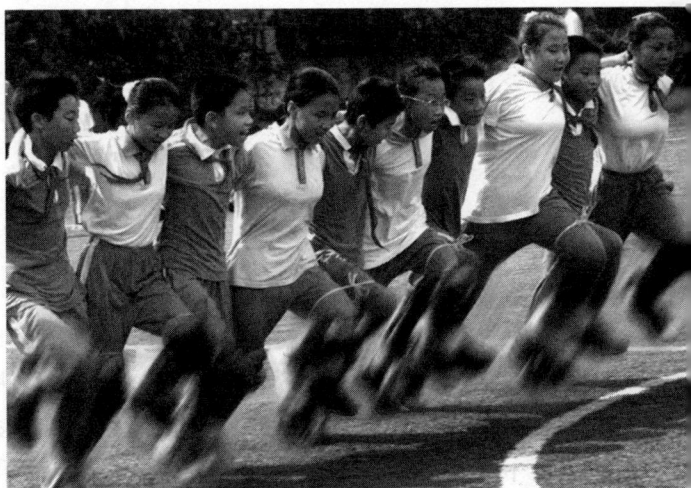

"三个转变"导航南山教育人新时代新探索

> 质量发展乃兴国之道、强教之策。实现教育的"南山质量"品牌，必须抓住南山教育发展的核心部位和关键环节，实施思维体系、话语体系和行为体系三大转型，提升南山教育的均衡化、国际化、信息化、素质化和个性化五化水平。
>
> ——2013 年 8 月 22 日在南山区校（园）长暑期学习会上的讲话

2013 年 3 月 8 日，南山区委全体会议听取区教育局新一届班子主要负责人候选竞选演说，经全体投票和区委常委会审议，最终决定由我出任南山区教育局局长。参选过程中，我始终觉得每一环节都在接受领导和社会的检阅，是对自己在南山教育战线 20 年工作的全面考评。接过沉甸甸的接力棒，我深感责任重大。从 1990 年建区开始，南山教育筚路蓝缕、披荆斩棘，在南山区委、区政府的关心重视和南山人民的艰苦奋斗下，南山教育从薄弱起步，到我们这一代，实现了农村教育到城市教育再到现代化教育的蝶变，已然在中国基础教育版图上赫然而立、铿锵有声。我时刻在想的一个问题就是：历任局长和班子推动了南山教育的不断改革和发展，我应该怎样和班子一起在传承中去发展、在传承中去创新，在新的社会背景下续写南山教育的更大辉煌？

思绪将我拉回了 1993 年，小平同志南方谈话后的深圳，如春雷乍响，一切都充满了朝气，特区干部涌动着一种"敢为天下先"的豪情。那个时候全国各地的人才应改革开放的吸引，有的也是应亲朋好友的举荐，纷纷南下投入这股改革大潮中。我就是在南方谈话的第二年，从东北师范大学出发，背着行囊，来到了南山，开始了我人生新的征程。

26 年，弹指一挥间，我亲历了南山教育的时代巨变，也是南山教育从农村教育到城市教育到现代化教育的见证者与推动者。此时的南山教育已迥异于 26 年前，教育规模庞大、教学思想活跃、教学改革纷纷落地、各个校园活力十足富有特色。教育信息化、课程改革、教育国际化"三个制高点"有效推动了南山教育在 2002 年那一轮新课程改革中，不负众望，锐意进取，成效卓著，使得我们这个区域教育在全国基础教育界建立了良好的口碑和影响力。可以这么说，这 26 年南山教育的巨变，其核心价值、时代特征、内涵本质等都是与当时深圳南山整个改革开放的时代印记一致的，那就是"改革创新"：改革成为南山教育跨越式发展的推动力，创新是南山教育内涵提升、不断丰富的生动体现。

这 26 年，我自己的教育经历也在丰富，从南山博伦职业学校的教导处主任、副校长，到任区教育局教科所所长，到履新南山外国语学校，再到后来出任区教育局副局长、深圳蛇口育才教育集团总校长兼局党委委员等。这一路过来，我对教育的本质、对现代化教育的治理方式、对国际化环境下"地球村落"的教育人文差异等也在不停地思考。特别是 2002 年，我有幸成为深圳市委组织部"跨世纪人才培养工程"第六批学员，到美国加利福尼亚大学圣地亚哥分校做一年的访问学者，这段经历，使得我静下心来反思很多东西，能够以更理性的视角分析中外教育的差异。我深刻地感受到：人才是推动一个社会变革求新的最核心力量，而造就这支力量的就是教育。美国当时在多个领域优先于全世界各个国家成为"霸主"，其最显著的特征就是鼓励创新，倡导创新教育及培养创新人才，国家不惜人力物力，将其投入创新项目和人才培养上。比如，1993 年上台的克林顿，就任美国总统后，立即调整了美国的科学技术政策，提高了信息技术的地位，授权成立了"国家信息基础设施特别工作小组"，其任务就是实施一项将永久地改变美国人民生活、工作和互相沟通方式的"信息高速公路计划"。这个信息高速公路计划的目标是要在美国建立一个以光缆为干线的、高速的、遍布全国的四通八达的数字通信网络，能把全国的每个地区、每个部门、每个单位、每个家庭都联结起来。该计划还规定了许多具体的目标。例如，人们通过信息高速公路可以在家里工作，在家里直接查看各种各样的信息库，获取科学、文学、艺术等方面的作品和资料，可以在家里选看最新的电影，可以在家里存款、取款和购物，可以在家里享用社会的医疗保健服务，也可以在家里通过电子方式与各级政府部门取得联系；学生通过信息高速公路可以享用最好的学校、最好的教师和最好的课程；公司通过信息高速公路可以了解市场动向，开展网上营销，可以直接从客户那儿获取订货单，同时从其他公司订购原材料。我们可以想一想，这还是1993 年，美国就瞄准了信息化在未来国家战略中的深远影响，而那个时候我还刚从东北转投到改革开放前沿。20 年过后，这个"信息高速公路"的图景已经不是幻想，成为现实，美国也因为在信息化方面抢占先机和制高点而持续获利收益。由此可见，创新对于一个国家而言是多么重要。国家鼓励创新，教育也必须创新，教育必须回答好"钱学森之问"，这是事关南山教育新时代持续优质发展的"真理之战"，这也是我这一届局长一定要认真思考和回答好的问题。我希望南山教育因为创新理念和文化的深度植入，点燃新一轮跨越腾飞的引擎，在匹配城区经济文化和市民需求方面，在打造公平均衡和优质的教育方面彰显出主导价值。

于是乎，基于当时南山教育所处的阶段、呈现出来的时代特点，以及区域社会和民众的期盼，也基于自己 20 来年的教育经历和一路思考，一个清晰而又坚定的理念从我头脑中跳跃出来，强烈地叩击着我的内心——

唯创新能赢得未来！

世界著名作家、大思想家斯宾塞·约翰逊曾经说过"唯一不变的是变化本身"。静止是相对的，变化与运动是绝对的。好的管理，就是要不停地应对和回答新的需求和挑战，及时地做出调整。

南山教育要创新发展，就必须做出改变：进一步更新与未来人才培养

2013 年 3 月 25 日，会见加拿大列治文市教育局国际合作部主任理查德先生一行

不相符合的教育理念，正确地定位处理好"教与学"的关系、构建好"学生为主、教师为导"的师生关系；改变与未来创新人才培养不相一致的教学方式，让孩子与信息互联网相接触，让孩子与生活世界相关联，让课程资源基于场景和项目进行统整融合，而不是原有的那种切割式；改变与未来创新人才培养不相符合的课程学习资源，我们给予孩子的，不仅有课本教科书，还有更广阔的博物馆课程、研学旅游、创新发明，鼓励学校与科研院所、高校、团体组织建立户外综合实践体验的基地关系以及导师学徒模式……

一、"三个转变"的初次表达

2013 年 3 月 8 日，我上任时，时任区组织部王卫部长、区人大曾令格副主任、区政府曹赛先副区长出席了就职会议。我在就职表态中，表达了三点意见：

回顾过去，南山教育写满成绩和光荣。1990 年南山建区，南山教育风雨兼程走过了重要的三个历史阶段：1990—2002 年创建广东省第一个教育强区阶段；2003—2008 年创建广东省第一个教育现代化先进区阶段；2009—2013 年追求教育内涵发展，探索教育国际化阶段。在历届区委、区政府的正确领导下，在曾建中、王哲、刘焯铿、赵祝武、刘迅、李忠俊、刘晓明和曾令格等六届教育局班子的带领下，南山教育人奋发努力，取得了优异的成绩，赢得了诸多的荣誉。南山教育的优良传统和成就值得我们珍惜和自豪，弘扬和传承。新一届领导班子需对历任老局长、书记们表示衷心的感谢和深深的敬意！

2013 年 3 月 25 日，与曹赛先副区长（右七）一同拜访深圳市教育局领导

关注今日，南山教育面临机遇和挑战。经过 20 多年的发展，南山教育已进入新的阶段。南山区在特区经济、社会发展中的高端定位，以及新一届区委、区政府对南山未来发展的新设计，都对教育寄予了更高的期待。来自国际、国内、市内和南山教育自身的各类挑战，急切需要我们凝

心聚力，以自己的勤劳和智慧促进南山教育和谐发展，实现南山教育质量新的突破。

展望未来，南山教育充满信心和希望。站在新的历史出发点，南山教育可谓责任重大、压力巨大，挑战与机遇并存，谁能在这一轮创新发展中做好顶层设计和价值引领，谁就可以带领南山教育人在新时代新探索中取胜。

也正是在这次任职表态中，我对如何传承创新做好教育接棒，正式对外和组织表达了三个承诺：

一是尊重历史，珍惜荣誉，正确处理传承和创新的关系。南山教育一步步走来，收获了无数成就，印刻了南山人的辛劳与梦想。改革与创新不是急风暴雨式的，应是润物细无声的影响、渗透和升华。教育是慢的事业，更应该如此！

二是坚守教育本真价值，保护和推进学校内自主式的改革和创新。当我们面对学生、面对教育的时候，一定得以一颗朴实纯净的心去感受，去行动。只有当我们清楚地知道教育中哪些是不能够改变的时候，我们才知道哪些是应该改变的。教育改革、学校变革不能完全依赖政府和教育行政部门去完成，而是需要我们每一位的积极向上、奋发进取、努力工作和个人责任。

三是教育是复杂的系统工程，我们必须厘清理念，认准目标，整体设计，脚踏实地，一件事一件事地去做，一个问题一个问题地去解决，长期坚持，若干年以后，一定会收获成效，一定会实现目标！这也是目前区委、区政府大力倡导的新工作思路和新工作作风。

事后我接受了《深圳特区报》的专访，首次提出了"三个转变"的表述，即"思维体系转变、话语体系转变、行为体系转变"。我认为三个体系是一个人创新素养的基本要素，做好"三个转变"更显性的在于倡导一种价值取向，那就是用教育内行的思维思考问题、分析问题，用教育内行听得懂的语言来交流、与外围打交道，真正做符合教育规律的事，不折腾，不唯创新，从事实规律和未来战略、全球视野去鼓励悦纳创新，要始终将创新放在管理之道的最核心层，让创新成为每一所学校和每一个团队的核心价值观，把创新作为各所学校办学的显著亮点。

具体来说，在思维体系方面，我们教育人要树立互联网思维，关注移动学习，乐于分享交流；我们的"新课堂"要鼓励学生质疑、探究，老师应该成为学生学习成长的导航人，比如我们推出"引领者计划"，就是希望打造一支"四有教师"队伍来引领学生、引领同行。在话语体系方面，我们不能讲空话、大话，要讲短话、讲实话、讲有感染力的话。在行为体系方面，就是扎扎实实地行动，富有逻辑思考和顶层设计、系统思维地行动，要以"问题意识"去建立清单，盯住核心部位和关键环节，牵一发而动全身，通过局部的改革引发全系统的革新，为南山教育注入新的活力。

"三个转变"经媒体转述和系统内组织学习，一时上下掀起了一股关于价值观探讨的热潮，各校（园）长非常欣赏这个提法，认为思想和价值观的厘清，对于后续陆续落地的质量攻坚行动意义重大，有利于达成共识，找准突破点，找准问题。

二、"三个转变"的系统阐述

2013年8月22日，南山教育系统进行为期两天的集中学习，这是我们南山校（园）长新学期开学前的惯例"套餐"，也是新学期集中达成共识的一项举措。对此，局党委高度重视，认真组织策划。在本次学习会上，我做了"齐心共筑教育理想，协力打造教育南山质量"的主题报告。

在报告中，我明确告诉我的同事和全体校园负责人，本次培训的目的是总结过去，思考当下，谋划未来，大家要进一步认清形势、解放思想、增强能力、统一行动。学习会上，我带着大家一起回顾南山教育的风雨历程、所取得的阶段成绩和荣誉，由此分析提炼出我们南山教育人在新时代下应该明确树立的理想，那就是"让每一所学校都优质，让每一位教师都精彩，让每一个孩子都幸福"。如何实现新时代下南山教育人的理想，落实到具体的行动就是《南山教育质量攻坚五年行动计划》，我与各位校

（园）长详细解读了每一项行动的时代背景、工作内涵和价值目标。

也是在这次学习会上，我再次系统地向我的同事们分享了"三个转变"的详细内涵。

首先是思维体系的转变。南山的科技和知识经济迅猛发展，信息化步伐日益加快，民主法制建设日臻完善。然而，一些片面的、唯经验的、习惯性的、自我满足的思维模式，都还在阻碍着改革、开放、创新的进程，迟滞着转方式、调结构的步伐。因而，唯有转变思维模式，方能转换话语体系和行为方式。转变思维体系，就是要实现由战术思维向战略思维的转变、由人治思维向法治思维的转变、由习惯性思维向创新性思维的转变、由经验思维向理论思维的转变、由片面思维向系统思维的转变、由平面思维向网状体系思维的转变。

思维的转换必将引发我们对于教育的深入思考。我们作为教育者，尤其是教育管理者，不能固守原有的观念，躺在原有的经验和理论上不动，而应该从固守、僵化、封闭到反思、开放、创新，对我们的办学水平、管理经验，对教育教学工作重新加以反思和检视。

其次是话语体系的转变。话语体系是思维体系外在的表达形式。话语就是某种特定的现实生活中的语言活动，它既是一种表述方式，也是一种思维方式和行动方式。不同的话语表达，其效果是不一样的。

多年来，在教育界中大话、空话、套话太多，业内技术性话语太多，讲道理太多，等等，公众觉得生硬、苦涩和难懂。党的新一届领导集体形成后不久，就提出了改进工作作风、密切联系群众的"八项规定"，要"开短会、讲短话，力戒空话、套话""精简文件简报、切实改进文风""切忌走过场、搞形式主义"等。习近平总书记说到的"打铁还需自身硬""既打老虎，也打苍蝇""鞋子合不合脚，穿了才知道"等话语，朴实无华、简明扼要、切中时弊，却又情真意切，非常有亲和力。他的讲话充满了短句和老百姓熟悉的词汇，没用那么多排比、对仗来壮声势，平实的话语，透露出真诚，充满着使命感。

我们的教育也要转换话语体系。思维体系的转变必将带来话语体系的转变。我们对教师、学生和家长，用简短的话语来交流，要讲真话、实话、家常话，要学会聆听、多讨论、常对话。对话是一种姿态，一种方式，更是一种民主理念的体现。

最后是行为体系的转变。教育行为既包括政府的宏观教育行为，又包括微观层面上学校的教育教学活动。我们要改掉"中国式过马路"的陋习，从我做起，从小事做起，改变课堂教学行为和教育方式。学校要经常调查和预测社会需求，自主调整和更新学校的教育教学，用有需求的、有质量、有特色的服务来吸引求学者，吸引政府、社会更多地投入。要树立服务意识，在符合教育规律的前提下，提供多样化的教育服务和个性化的教育，提高服务质量，以赢得和保持信赖和赞誉。要创造民主、平等的校园文化，营造宽松活跃的学习氛围，使传播知识的过程转变为学生发现知识的过程，构造学习共享系统等。

思维体系是人们对于事物的认识和反应。人们的话语体系和行为体系总是受其思维方式的支配，有什么样的思维方式就有什么样的话语体系和行为体系。而话语体系和行为体系则通过对存在方式的改变影响人们的思维体系。思维体系决定话语体系和行为体系，行为体系又反作用于思维体系和话语体系，三者互相作用，形成了三角循环的整体结构。

2013年10月28日，我接受了《深圳教育通》的专访，该媒体以《寻找深圳教育改革的密码》为题进行了报道。在采访中，有这样一个问题："南山教育对未来总能未雨绸缪，在基础教育的历次改革浪潮中，都走在前列，如成为全国基础教育课程改革实验区、省首个推进教育现代化先进区、全国推进义务教育均衡发展先进地区、深圳首个教育国际化试验区等，这种前瞻性来源于哪里？"

我当时非常坚定地回答"创新"。我认为，在教育创新发展的过程中，思维体系转变、话语体系转变、行为体系转变，必然导向教育目标转变、教与学方式改变、教育评价体系改变。未来教育发展取决于前瞻性的设计，没有创新，就难有课程的可持续发展。南山教育一直在从外延和内涵两个方面进行创新，有效利用南山科技、资源优势，将其聚集到学校，包括创设少年创新院、开设博士课堂、企业合作等。

实际上，南山教育已经在思考未来 15 年或者 25 年的战略，即 2030、2040 战略。

为什么？一方面，未来发展取决于前瞻设计，另一方面，联合国教科文组织在 2015 年发布"教育 2030 行动框架"，指出了未来 15 年教育发展的目标、策略和指标，其中一个关键词就是"可持续发展"。新教育议程致力于解决全球当前和未来的教育问题，将改变个人、社区及社会的生活。

霍金曾预言 2030 年是人类发展的一个转折点，不难理解，关注可持续发展话题，旨在追求人类和全球经济的可持续发展，届时，人类进入一个很敏感的发展时期，能否持续关系人类自身的生存。因此，这也是给人类敲响警钟，在这样一个关键点上，忠告的意义在于唤起人类对于自身能否可持续发展的思考。

未来的预测同样影响着今天的教育决策。人类的创新和可持续发展紧密相连，所有的危机、灾难、难题，只有通过创新驱动才能解决，发展才能可持续，才能生成一批新力量。年轻人是实现创新的主力，将创新放入南山的教育改革密码有其现实价值。

"六张牌"打出教育的南北均衡

> "东方硅谷，教育先行"，北部片区教育的跨越式进步，是南山教育人顺应时代发展，对办好公平而有质量教育积极探索的结果，它对于南山教育整体质量的提升，对南山创建世界级创新型滨海中心城区、打造东方硅谷必将带来积极而深远的影响。
>
> ——2018 年 12 月 28 日接受《南方日报》采访

2016 年 2 月 26 日，南山区六届人大七次会议表决通过《南山区国民经济和社会发展第十三个五年规划纲要》（以下简称《南山十三五规划》）。按照《南山十三五规划》蓝图，2016—2020 年南山区将以打造"双中心"、建设"世界级创新型滨海中心城区"为发展定位，重点建设前海、蛇口、深圳湾、后海、留仙洞、高新北六大功能片区，加快完善经济、科技、文化和国际交往"四大中心"。未来 10—15 年，全区预计新增7500 万平方米建筑体量，几乎是再造一个新南山。对接深圳市大力实施创新驱动发展战略，以及南山"双中心"建设产业结构和人口结构变化，南山教育需要主动适应社会经济发展新常态，构建与中心城区相匹配的现代教育体系，满足人民群众对公平、优质、均衡、多样教育资源的需求。

在这之前的 1 月，南山区委六届十四次全体（扩大）会议正式通过了一项重要规划——《南山北部片区协调发展三年行动计划（2016—2018

年）》，提出南山要主动作为，集中力量，集中资源，精准施策，攻坚克难。南山区政府计划投资超过 50 亿元、预计拉动社会投资 625 亿元，解决北部片区发展滞后问题，让"城市边缘"早日建成"城市花园"。

"北部振兴""南山北""北部片区"……近年来，南山北部片区的发展逐渐成为城区建设的高频词，"向北部倾斜、支持北部建设，让北部地区不再成为南山的洼地，让南山城区南北差异明显缩小、让南山城区更适宜人居"这些理念推动了南山举全区之力推动南北均衡发展的重大战略出台。

这种背景下，南山教育如何作为？如何应对？我记得在 2013 年一次全区处级干部的党课学习辅导会上，时任南山区委书记李小甘曾用"进了屋内像欧洲，出了屋外像非洲"描述南山南北片区的差异。在当时，南山区正在打造宜居宜业的滨海城区，看一下后海湾片区的城市面貌，南山区已经是现代化国际化的滨海城市，可是把目光转向南山的北部，尤其是靠近水库的地方，像麻磡、白芒等社区，还处在工业围城的时代，社区经济发展不平衡成为南山面临的现实问题。辅导会后，我迅速组织了我们党委中心组进行学习讨论，大家围绕"南山区教育质量攻坚十大行动"以及多年对南北片区差异的切身感受，纷纷表示南山教育一定要在这场南山城区均衡化决战中拔得头筹，一定要努力率先、敢于争先，找到问题破解点，找到实际有效的举措，切实解决好困扰多年的校际差异、教育资源分布不均、北部优质学校偏少等问题，真正实现老百姓家门口"好上学、上好学"。

一、差距，客观存在，南北片区教育不均衡亟须改善

追求教育优质均衡发展，始终是我们的目标之一。2014 年以来，我们启动北部片区品牌学校建设，加大投入，借助深圳大学城、南方科技大学等优质资源，大胆创新，优化教育资源配置，促进教育优质均衡发展，学校办学特色得到彰显，生源质量逐步提升，赢得了广泛的社会声誉。同时，擦亮蛇口育才教育集团、南山外国语学校（集团）（简称"南外"）、

南山实验教育集团（简称"南山实验"）等已有优质学校品牌，进一步强化学校办学特色。但是，多年来积弱或欠发展的实际状态，南山南北之间的区域教育发展的的确确存在着不均衡问题。

第一，学校新建和更新速度与优质教育需求之间的矛盾。南北片区、东西片区之间，集团化与非集团化学校之间，公办与民办学校之间的办学条件不均衡仍然突出。北部部分学校教育基础设施薄弱或者老化，更新速度严重滞后于优质教育发展的需求。

第二，学位供给与优质教育需求之间的矛盾。一是南北片区的人口分布与学校布局不匹配；二是楼盘配套教育设施严重不足；三是热点学区楼盘业主的学区调整诉求强烈。随着国家计划生育政策的调整，可以预计的是，未来一段时间，学位的紧张将持续存在，南北片区间的局部差异将更加明显。

第三，职业、民办、幼儿教育发展相对滞后，其中，民办教育发展滞后是相对突出的问题。南山区有 14 所民办学校，但在发展中存在严重的两极分化。一方面，北大附中深圳南山分校、南山中英文学校、深圳（南山）中加学校 3 所国有民办学校已经成为南山区办学特色显著、办学成绩优良、办学定位准确、国际化程度较高的学校。尤其是北大附中深圳南山分校，不仅是南山区，而且是深圳市民办教育领域的一面旗帜。另一方面，其他 11 所公益性民办学校却存在诸多问题和困境：如布局不均衡，办学场地不固定，现有民办学校过于集中在北部西丽片区，11 所公益民办学校，西丽片区占 4 所；收费标准相对偏低，11 所公益民办学校学杂费收取标准均处于相对较低的水准，过低的收费标准使得公益民办学校在支付校址租金、教师工资等正常教育教学开支后，已剩余很少的运转资金，这使得提高教师待遇、改善办学条件等成了不切实际的想法；政府扶持政策有待进一步完善，目前民办教育还并未真正纳入国民经济社会发展规划，尤其是公共预算，民办学校的教师在职称评定、业务培训、社会活动等方面没有与公办学校教师享受同等的权益；教师队伍不稳定、结构不合理，工资低，压力大；班级规模过大等。这些都是公益民办学校教育教学质量得不到保障的重要因素。

二、痛点，不期而遇，小一招生触发改革良机

2014 年春秋之际，是我这一届新领导班子上任的第一个年头。这一年，我们因城市更新、区域人口增长、计生及异地中高考政策等原因，遭遇了前所有未的学位供给紧张态势。

一是学位缺口日益增大，公办学位尤显紧张，2012 年到 2014 年 3 年学位缺口均在 3000 个以上。因异地中高考政策，2013 年起我区公办初一新生已上升到一万多人，与往年相比，增加 1000 人以上。以往，为解决供给缺口，往往会采用学校扩班、改建、占功能室等内部挖潜方式，这种情况下，各公办学校现有资源使用已达到饱和警戒线。

二是学位分布不均衡，热门片区公办学位严重短缺。整体来说，我区公办和民办学位总量基本可以满足全区学位需求，但受学校现有规模和布局、部分计划建设学校未能如期竣工交付等原因，学位需求片区分布不均衡，南头、前海、后海、蛇口四大片区公办学位近几年持续异常紧张，而月亮湾、赤湾以及西丽北部片区学位却有富余。

三是新建楼盘配套学位"滞后"，加剧学位紧张。这种"滞后"，一是进度迟缓，二是根本没有配套规划。经当时统计，南山实验学校南头部、南山外国语学校高新部、蛇口育才教育集团育才二中等 15 所学位异常紧张的学校，周边有 20 多个楼盘两三年内将交付入住，许多楼盘都没有配套规划，学位的片区紧张必然进一步加剧。

事实上，当年春季初就启动的小一摸底工作就让我们感到了巨大压力，当年小学一年级报名人数突破了 1.48 万人，这批学生不是说全部集中于南山南部原有的优质校区，北部因为当年新楼盘和产业机构调整带来的人口增势也同样存在巨大的学位供给缺口。

三、破题，未雨绸缪，巧打"六张牌"力促南北均衡

中国有一句俗语叫"既来之，则安之"，面对 2014 年前所未有的就学压力，好在我们局领导班子未雨绸缪，在南山区质量攻坚十大行动项目中，明确在"项目三：资源优化配置和校园建设"上先行而动，压实领导责任，明确攻坚举措，抱团研究作战，围绕南山南部办学的机制经验和校园优势，在办学理念和学校布局上下功夫，相机打出"六张牌"的组合拳，拳拳击中要害，拳拳显出效力，为后面全面落实推动"北部教育振兴行动"奠定了良好基础。

第一张牌，与大学联合办学凸显品牌。2014 年 4 月 23 日，区教育局与南方科技大学签署联合举办南科大实验小学协议。2014 年 9 月 1 日，南科大实验小学迎来首批 100 名新生，试行"小班化"、聘请外籍副校长、试行"全科制教师"、现代学校制度的"理事会"管理……这所新建学校教育教学理念和服务迅速得到认可，品牌效应迅速显现。

2016 年 10 月 26 日深圳大学城实验学校联盟理事会成立大会暨第一届理事会

　　第二张牌，成立联盟校。2014年4月，南山区与深圳大学城管理办公室签订合作办学协议，成立"深圳大学城实验学校联盟"，丽湖中学、西丽小学、桃苑学校成为首批联盟校。3所学校强化联盟资源，相继推出一系列的改革措施，很快就在北部片区形成了品牌集聚效应，有效满足了北部片区居民在家门口有优质学校读书的需求。

2016年11月8日南山区南北片区学校联盟办学启动仪式

　　第三张牌，进行九年一贯制学校探索。我区唯一的职业学校博伦职业技术学校原有西丽和南头两个校区，根据布局需要，学校易地建立了新校区。原来的西丽校区更名为文理实验学校，为九年一贯制学校，局党委选派名校长吴希福去管理这所学校，并从政策上支持优质师资组建，支持学校从小学开始进行学科知识的融合示范，设计综合性课程，实行全新的办学模式，目标是将这所学校建设成为优质学校。

　　第四张牌，新建学校。在月亮湾大道附近高起点新建港湾小学，港湾小学参照微软创始人比尔·盖茨在美国创办的未来学校模式打造，将现代信息技术与教育高度融合，建校不久也得到社会的高度认可。

　　第五张牌，新建深圳大学师范学院附属中学（简称"深大附中"）高中部，释放初中学位。深大附中高中部移址新建，原校址改为初中部，扩充初中学位，基本满足了周边学位需求。在该片区新建荔林小学、荔湾小学，增加小学优质学位。

　　第六张牌，联合优质企业和学校办学。南山高新企业林立，上市公司有109家，像当年美国的硅谷。硅谷最好的IT企业如微软、IBM，一直介入基础教育，将他们先进的理念输送到基础教育学校，推动了教育变革。为此，南山近年也积极展开与腾讯、大疆创新等企业的接触，了解他们参与教育办学的心态意愿，积极寻找双方最佳的合作点，力求将他们的技术、管理、理念导入南山教育，推动南山基础教育优质均衡发展。比如，联合中科先进院，成立中国科学院深圳先进技术研究院实验学校，创建中小学科普教育基地，铸造中小学科学教育示范品牌。与高新企业大疆创新科技有限公司开展合作，积极导入创新人才资源，举办深中南山创新学校，致力打造一所具有创新精神的全国一流基础教育名校，培养创新型人才。

深圳大学附属教育集团揭牌

深中南山创新学校揭牌

南山教育打出"六张牌",迅速在北部引发了一连串的奇迹效应,一批老百姓认可的名校进入北部,让北部片区的子女能够公平地享受优质教育。深中南山创新学校开办伊始就吸引了一大批家长的关注,解决了周边企业员工子女就学需求,是一个非常成功的案例。这些北部的新优质学校、联盟、组团,与南部、中部的育才集团、南山外国语学校、南山实验学校、南头中学、南山区第二外国语学校(简称"南山二外"),及海滨实验小学相呼应。2014年4月,南山区成为首批顺利通过"全国义务教育发展基本均衡"评估验收的地区,全区各校园100%实现"督学责任区建设"与"责任督学挂牌督导"。

四、未来,持续行动,南山南北优质均衡可期可待

2016年,南山教育局党委根据《南山北部片区协调发展三年行动计划(2016—2018年)》总体部署和区委主要领导调研南山教育、加快北

部片区教育发展的要求，谋定出发，制定了《南山北部片区教育创新发展行动计划（2016—2018 年）》。

《南山北部片区教育创新发展行动计划（2016—2018 年）》以"创新、协调、绿色、开放、共享"五大发展理念为引领，以提高质量为主线，以促进公平为重点，以深化改革为动力，激发学校内生动力和变革能力，优化教育资源配置和提升学校效能，力争通过三年努力，实现学校办学条件、办学理念、办学水平、办学特色明显改善和整体提升，打造出一批优质品牌学校，基本形成与南山"双中心"发展战略相适应的北部片区教育发展新格局。具体的行动计划如下。

行动一：加快新建、改扩建学校建设

建成深云学校、留仙学校、道尔顿新华公学等 3 所学校，完成西丽小学改扩建、文理实验学校整体设计和改扩建。推进大学城配套学校、官龙学校、珠光中学、南山特殊教育学校建设，以及留仙小学、西丽第二小学、珠光小学扩建工程。推进南山教育国际合作园区的选址和建设。

行动二：打造新优质品牌学校

深入开展"大学—中小学伙伴计划"，加强与清华大学、深圳大学、中科院深圳先进技术研究院的战略合作，推进南方科技大学教育集团（南山）附属实验学校（简称"南科大实验学校"）集团化发展。完善大学城实验学校联盟管理暂行办法和联盟理事会章程，制定联盟学校办学标准，新增 2—3 所联盟校。采取组团式、联盟式管理，构建南北走向和东西走向的新优质教育资源带，建设一批新优质品牌学校。

行动三：推动优质教育资源向北部流动

推进南山现有优质品牌辐射到北部片区学校。加强南北片区学校之间的校际结对和帮扶。结合校长职级制改革，鼓励优秀校长到北部片区学校交流轮岗。实施"精英人才校园共享计划"，每年选派 20 名以上精英教师到北部片区任教。

行动四：提升学校发展内涵和教育教学质量

深化学校课程改革，变革教与学方式，开展统整课程、科技创新教育、英语特色教学等实验试点。创新教师发展模式，培育学生综合素养。推进"伟大原著""未来教室""智慧校园"等项目建设，提升学校教育国际化和信息化水平。推进以学校章程为核心的现代学校制度建设。加强专项督导，狠抓规范办学，重视对教育质量的监测和动态分析，加大约谈问责和结果公开力度，提高督导实效。

行动五：促进学前教育优质普惠发展

完善公办园办分园（西丽崇文花园幼儿园）、高等院校和科研机构办园（深圳大学香瑞园幼儿园、中国科学院深圳先进技术研究院中科硅谷幼儿园）的办学机制，支持南科大承办华晖云门幼儿园。改革政府产权幼儿园招投标方式，引进国内知名学前教育机构在北部片区高起点办园，推动学前教育优质普惠发展。

行动六：推动高等教育与基础教育协同发展

研究设立高等教育联络办公室，支持引进一批新的优质高等教育资源，争取一批特色学院在南山落户，打造科教新城。利用高等教育的人才、技术、平台优势，推动基础教育的课程改革和创新人才培养，构建基础教育改革与发展协同创新中心。

行动七：推动民办教育优化升级

结合北部片区公益民办学校集中的特点，大力扶持并推进民办学校优化升级和标准化建设。常态化开展公益民办学校"空中课堂"、结对帮扶等活动。扶持新华公学等民办学校高端发展。

2018年7月，南山区北部片区教育创新发展现场会在西丽小学召开。南山北部片区的22所学校齐齐亮相，向市民展现了近五年来南山北部片区教育创新发展的成果；南山区第六个公办基础教育集团——南山区文理实验学校（集团）也同时挂牌成立。这标志着南山优质教育带全面打通，南山教育"南北不均衡"的顽疾成为历史。对此，有"教育书记"美誉的南山区委书记王强表示充分肯定，称："北部片区教育事业的发展变化是开创性的、跨越性的、根本性的！"

新时代、新征程，南山教育有了新使命。2019年全区七届二次党代会上，南山区委谋划了未来一个时期南山的发展思路，提出了"一个目标、两大战略、三个阶段"的总体安排。而北部片区的未来发展前景无限，高等教育集聚度全市独一无二，教育率先突破，提供重要支撑。我认为，推动北部教育的新飞跃，需要聚焦教师、学校、学生三大核心要素，实现全面提升。教师是教育发展的基石，为此我们将继续深化实施行政导向的"先锋计划"和学术导向的"引领者计划"，为教师成长提供广阔舞台。2019 年 3 月以来，南山教育又成立了 146 个名师工作室，计划 3 年投入 1300 万元专项资助，力争把名师工作室打造成优秀教师的"孵化器"。未来，南山还将通过"柔性政策"，面向全国引进一批名校长、名教师，壮大南山教育队伍。学校是教育发展的载体，到 2022 年，北部片区还要新建、改扩建学校 7 所，新增学位近 1 万个。北部片区发挥南山知名企业多、高等院校多、科研机构多的优势，在合理评估、科学规划学校、学位的基础上，深化名校、名企多元合作模式，做大做强北部两大教育集团，努力满足北部居民多层次、高品质的教育需求。教育发展归根结底是要以培养学生为价值导向的，南山将聚焦全面发展与个性发展相结合，加强社会主义核心价值观教育，创新教学模式，深入推进素质教育。以南山少年创新院为依托，整合教育资源培养具有创新精神和实践能力的南山新少年。

新行动催生优质教育资源带纵横交错

> 未来大沙河创新走廊的优质教育资源带建设必须回应创新走廊的自身定位，继续在教育改革创新方面做出探索，不断强化资源带内的教育联盟与协同，要求资源带内的学校充分利用周边科研院校、高新技术、人才等资源，打资源组合牌，走协同发展路。
>
> ——2015 年 7 月 8 日接受《深圳晚报》采访

2013 年以来，我持续关注北京和上海两个直辖市的教育。在中国的经济、教育、文化版图上，北京、上海可以看成一个体量级的，这两个地方因为特殊的政治和地缘优势，在教育的优质发展上走出了各自不同的路，获得了不同的精彩，区域优质高位发展呈现出可喜蓬勃的样态，给我们南山教育优质化提供了可借鉴的参照。

一、"北京新教育地图"激发了新思考

2014 年，北京市教委连续推出的 9 期"北京新教育地图"改革系列报道，极大地吸引了我的关注和兴趣。这是一份 10 万余字，涵盖北京市 16 个区县、勾画 30 多幅区县新教育地图的深度报道，为南山呈现了一个

解读首都教育改革的样本。

因为这份深度的连续报道，"北京新教育地图"成为2014年首都教育的核心词。这也是北京市教委直面市民对优质教育的强烈需求，破解择校、均衡、减负三大难题，在首都教育治理能力上所进行的一次全新尝试。具体来说，"北京新教育地图"有如下几个方面值得学习。

一是根据区域功能定位，因地制宜谋篇布局。按照北京市布局，16个区县被划分为四类区域：首都功能核心区、城市功能拓展区、城市发展新区和生态涵养发展区，这成为各区县绘制教育地图一个重要坐标系。基于四类区域的不同特点，各区县联动联合，采取了不同的应对举措。比如，首都功能核心区的东城和西城，两区共同的特点是名校老校资源丰厚，自然也是择校热点。为此，在教育优质资源供给的方式，两区主要选择了内部盘活促均衡，力破择校。而处于城市发展新区的通州、顺义、大兴、昌平、房山5个区，其主要功能为承接中心城区的人口疏散，因此该区域的改扩建学校的项目远远多于其他三类功能区。四个区域，在教育的增量、学校新建、内涵发展等方面，侧重不同，各有所长。

二是各区都实施"增量推进"策略，把提供优质供给放在首位。通盘对比16个区县的教育地图数据，以及2014年为应对首都生源增势而改扩建和新建的学校数量，不难发现所有区县都把提供优质教育供给放在改革首位，采取了"增量推进，存量盘活"的方式，既做加法——新建、改扩建学校，又做减法——整合资源，改造薄弱校并入名校一体化管理。从数据上看，城市功能拓展区、城市发展新区教育发展大幅提速，其学校"增速速度"远超功能核心区，而且生态涵养发展区的建校学位供给数呈现出强大的发展势头。

三是组合拳打出"三种模式"，让老百姓家门口就有好学校。第一种是"外引模式"，即引进外省市、城区名校；第二种是"本土整合模式"，即充分利用城区现有的体量较大的集团、名校等，走资源共享、教师交流整合之路；第三种是"跨区合作模式"，相当于"外引模式"的小步快跑，在北京市内跨区域寻求区际的深度合作。这三种模式的结合，打出了扩大供给的"组合拳",瞄准扩优提质,不仅扩大了优质资源的辐射面,也生成了新的研训资源,教师专业发展从本校到跨校,乃至跨区,成为内涵发展的增长点。

"北京新教育地图"核心概念的提出和布局,有效反映了北京市教委当下和未来的教育之策和行动,其成绩背后定然也有一些忧思,比如如何理解新的优质校?挂名合作是否真正能让学校优质?如何看待均衡与特色的关系?这些改革中生长出来的问题,本身就是一个"未定论",必然要以改革来回答。就像邓小平同志鼓励先行者那样——"先摸着石头过河"探路,允许改革进程中的失败,因为就这些改革的原生出发点而言,他们都是在求证教育公平、优质、均衡的最佳结合点。

二、"上海新优质校园改进行动"的深刻启示

2014 年 8 月,我们例行举行一年一度的暑期校(园)长培训学习会。在培训会上,我提前安排了局办准备的 2 个视频短片,一个是《理想的学校、理想的教师和理想的课堂》,另外一个是《解读"上海市新优质校园改进行动"》。两个视频制作精良,受到了校(园)长们的热议和肯定。

上海以"办好每一所家门口的学校"为目标,走出依靠分数指标、物质计量、工具价值来判断教育效益的惯性,从学生全面发展、学校内涵建设和教育人本价值角度进行理性思考和实践探索,更加积极回应社会的热点难点,更加明确上海基础教育所处的历史方位和阶段特征,更加突显对均衡和优质的全新理解和深刻认识,从而推动教育系统内部主动作为和专业自觉。这给了我们深刻的启示。

三、"五举措"贯通东西走向的新优质学校资源带

南北均衡优质发展,自 2016 年前后成为南山教育最热门的关注点,也是本届教育党委聚焦民生、破解优质学位供给的核心表达。针对南山区北部

教育发展不平衡不充分的问题,教育局党委五大举措并举,填谷扬峰,强化外部支持,激活学校发展内生动力,有力推进区域教育优质均衡发展。

一是高标准、高起点办学,实现"办一所优一所"。创新新校建设机制,利用招商蛇口、华润、万科、华侨城等知名企业优势,通过配建、代建、EPC① 总承包等模式,有效提速提质,新增优质学位近 1.2 万个。结合实际,提升学校建设标准,出台了《南山区普通中小学校建设标准提升指引》,每平方米建设标准在原基础上提高 40%。留仙学校、西丽小学等 6 所北部片区新建、改扩建学校,在师生用房面积、图书阅读空间、体育活动场地、教师宿舍、地下空间等方面做了提升,建立未来教室、创新实验室、3D 教室共 41 个,打造智慧校园。提前一年下达编制建制,遴选优秀校长,赋予选人用人自主权,迅速组建结构合理、业务精湛的教师队伍,聘任外籍副校长参与学校管理,实现北部片区教育升级,有效缓解择校热。

二是整合高端资源,打造新优质品牌学校。主要表现在三个方面的高端资源整合。首先,落实和完善"中小学—大学伙伴计划",充分借助环西丽湖科教城集聚清华大学、北京大学等 18 所高校资源优势,成立大学城实验学校联盟,将高校办学经验、共享理念应用于基础教育领域,有效使用大学城图书馆、人力、师资、国际教育等资源。其次,联合中科院深圳先进技术研究院,成立中科院深圳先进技术研究院实验学校,创建南山区中小学科普教育基地,铸造中小学科学教育示范品牌。最后,与高新企业大疆创新科技有限公司开展合作,积极导入创新人才资源,举办深中南山创新学校,致力于打造一所具有创新精神的全国一流基础教育名校,培养创新型人才。

三是深化集团化办学,实现南北教育同频共振。首先,导入集团品牌,实行联盟办学,将北部片区龙珠学校、白芒小学、桃源中学、平山小学 4 所学校分别纳入蛇口育才教育集团、南山实验教育集团、南山外国语

---

① EPC,是 Engineering Procurement Construction 的缩写,是指公司受业主委托,按照合同约定对工程建设项目的设计、采购、施工、试运行等实行全过程或若干阶段的承包。

未来教室

学校（集团）（简称"南外集团"）、南山区第二外国语学校（集团）（简称"南山二外集团"）4大教育集团管理，借助集团校先进的办学理念和资源优势，迅速提升办学品质，扩大优质教育覆盖面，4所学校成为北部片区老百姓认可的名校。其次，导入高校品牌，依托南方科技大学优势，组建南科大实验教育集团，设立集团办学专项公益基金，推进教育教学改革、教育信息化及国际化发展、多元合作办学模式下公办中小学法人治理结构改革。最后，以北部自有品牌学校为龙头，成立文理实验教育集团，吸纳北部3所学校，推进文化共融、课程共享、活动共育，促进成员校教育教学微循环，全面提升办学质量。

　　四是实施精准培养，创新教师培养机制。在全省率先探索成立区级教师发展中心，量身定制新岗、优秀、骨干、名优等专业成长制度，按学前、小学、初中、高中学段，以及学科系统规划幼儿园、民办学校教师培训，做好教师分类培养，实现教师培训100%覆盖，推动区域教师共同体建设。采用"教师发展中心+教师发展基地学校"协同方式，按照"行政"和"业务"两条路径规划教师发展，发挥名师工作室辐射引领作用，实行菜单式、梯级个性化培养，打造出了一支适应南山区域发展和各级各类教育发展需要的、满足教育现代化要求的高素质专业化教师队伍。

率先在全市公办中小学中聘任外籍副校长

五是深化课程改革，促进学校内涵发展。南山形成了"课题引领、教研推动、基层创新、区域推进、全面改革、整体实验、综合发展"的课程改革特色，南山成为全国课程改革的一面旗帜。一是重视区域决策和管理，努力创建合理和先进的课程制度；二是更新学校发展理念，充分发挥学校课程建设的主体性；三是关注教师专业发展，积极树立教师的课程责任意识；四是倡导家校合作精神，积极创设学校、家庭、社区协作条件；五是坚持实事求是，理性探讨课程改革中的各种问题。2015 年，在深圳市深化中小学课程改革工作会议上，南山作为全市行政区唯一发言代表介绍课改经验。2016 年，举办首届"百花奖"课堂教学大赛，制定实施《南山区教育局关于全面深化课程改革的指导意见》，进一步落实立德树人的根本要求，在强调课程文化建设的同时，更加强调课程的整体规划和整合，强化体育艺术顶层设计，进一步强调培养学生的社会责任感、创新精神和实践能力，提升学生在未来社会经济发展中所需要的核心素养。

四、打造南北走向的大沙河优质教育资源带

全长 13.5 千米、流域面积 90 平方千米的大沙河是深圳市唯一一条全河段均在城区的河流，也是纵贯南山区、养育一方儿女的"母亲河"。曾经，这条"母亲河"由于水源枯竭、水质下降而黯然失色；如今，大沙河正因为两岸迅速崛起的企业总部、科研基地、优质学区而焕发崭新的容颜。2011 年 5 月，《深圳市大沙河创新走廊规划研究》通过深圳市规划国土委员会技术委员会审查，并被正式列入深圳市"十二五"规划的重大项目。规划中的"大沙河创新走廊"北起大沙河源头福龙大道，南至滨海大道深圳湾入海口，覆盖了西丽、桃源、粤海、沙河、南头街道办辖区内共 101 平方千米的土地，将大学城片区、华侨城片区与后海金融商务区串联起来，集中了深圳市 80%以上的创新资源。"大沙河创新走廊"项目正式启动至今已有 7 年，"大沙河创新走廊"上中下游三级高地布局基本成型，日新月异的河道风景、林立丛生的研发厂企、雨后春笋般的崭新楼盘，都在昭示着这个区域的无限生机。

新兴产业集群、总部经济落地、创新人才安居的最重要基础就是教育。随着大沙河沿岸创新资源和创新人才的集聚，这一片区对于更加丰富、优质的教育资源的需求也水涨船高。"创新走廊"需要的是具有创新血液的教育，自然而然需要一个新的教育规划、新的教育行动。近年来，在南山区委、区政府的高度重视和高位谋划下，区教育局正紧密推进"大沙河创新走廊"优质教育布局。在大沙河沿岸高等教育、科研院所集聚效应的支撑下，一条纵贯全区的优质教育资源带因"母亲河"孕育而生，南山优质教育版图在新的教育行动中呈现亮点。

一是用好大沙河沿岸的高端教育资源。"大沙河创新走廊"因河而起，这条绵延13.5千米的"创新走廊"贯穿南山两大高新技术园区，跨越两所全日制大学——深圳大学和深圳职业技术学院，连通北部深圳大学城、南方科技大学、深圳大学新校区，成为南山科技创新最活跃的地带。作为打造教育"南山质量"五年攻坚行动的一项具体任务，我们聚焦新优质学校改进行动，一批学校因此受益而成长发展。从2015年开始，依照微软比尔·盖茨打造未来教育的理念，新开办学校加强信息技术与教育相融合。2017年9月，新开学的4所学校中，就有南方科技大学实验二小、南山文理学校、南山外国语学校（集团）大冲学校3所位居此优质资源带，优质教育资源的科学布局正得到有效落地。

二是"大沙河创新走廊"上的优质学校如繁星闪耀。"大沙河创新走廊"沿线生长着大学城西丽实验小学、南科大实验小学、南山外国语学校（集团）、华侨城中学、南山第二实验学校、华侨城小学、沙河小学、海滨实验小学等一批家长认可的好学校。这些好学校释放出强大的能量，对同区域的其他学校也产生积极影响。西丽小学对"生长教育"的践行、南科大实验小学的信息技术应用创新、松坪学校诗意校园环境的营造、南山文理实验学校的"跨界与融合"办学理念……这一切，必将共同点亮整个南山教育版图的星空。

"优质教育资源带"导向打造教育的"南山质量"。面向未来，"大沙河创新走廊"的优质教育资源带建设必须回应创新走廊的自身定位，继续在教育改革创新方面做出探索，不断强化资源带内的教育联盟与协同，要求资源带内的学校充分利用周边科研院校、高新技术、人才等资源，打资源组合牌，走协同发展路。接下来，"大沙河创新走廊"的"新优质教育资源带"建设，还需考虑一些实施层面的问题。比如，"资源带"内的教育联盟与协同必须是深度的，要在推动教学设施、课程设置、特色选课、师资队伍、学生培养等资源互动共享方面做好顶层设计，做好配套政策服务，以确保差异化优质特色发展，不能是联而不盟、协而不合。另外，"资源带"的教育创新要有大视野，要将学校周边的科研资源、院校资源、高新技术资源、人才资源用足，要敢于走出去寻求联合，比如南山已经启动的"精英人才校园共享"。除此之外，能否搭建起政府、辖区、学校、企业（院所）以及家长等多方参与的平台，让这些优质资源成为学校的"校外课堂"、学生的实践场所，成为学生创新实验的"梦工厂"，南山教育人正在逐梦思考和行动。

集团化办学的 "南山经验"

> 南山区在全国率先开展公办教育集团化实验。加快教育体制创新步伐，发挥品牌学校办学思想、办学经验等无形资产的效益，避免管理人员、师资力量、教育设施等资源的重复建设和闲置浪费，加强各学段教育内容和形式的衔接，打造了南山教育的 "联合舰队"。
>
> ——2008 年 12 月 29 日深圳市委市政府办公厅
> 《信息快报》肯定南山集团化办学

党的十九大报告强调，建设教育强国是中华民族伟大复兴的基础工程，要让每个孩子都能享有公平而有质量的教育。中共中央办公厅、国务院办公厅印发的《关于深化教育体制机制改革的意见》提出要探索集团化办学，采取委托管理、强校带弱校、学校联盟、九年一贯制等灵活多样的办学形式。在深圳市 2017 年的改革计划中，南山区被列为 "探索集团化办学模式改革" 试点区之一。

在南山教育的现代化进程中，"集团化办学" 是一个无法越过、不能忽略的话题。集团化办学在南山推进教育现代化、促进区域教育优质均衡发展、满足市民对优质教育需求方面发挥了重要的支撑作用。

2003 年，南山区成立全国第一个 K12 贯通的公办教育集团——蛇口育才教育集团，它是广东省首个以公办学校为主体、以实施素质教育为纽带、以探索现代学校制度为目的、多形式多层次办学且具有法人资格的教育集团。经过15年探索实践，集团化办学经历了几个发展阶段：从2003年蛇口育才教育集团在教育产业化背景下优化资源配置、组建具有共同基因的"加入型"教育集团的"1.0时代"，到2013年南山实验教育集团、南山外国语学校集团利用品牌辐射、组建母校孵化新校的"内生型"集团的"2.0时代"，再到2014年后以"大学城实验学校联盟"、"南北片区中小学校发展联盟"、理事会架构下的南方科技大学实验教育集团、独立法人联合体的南山第二外国语学校集团为代表，强调各成员学校内部共生共享的复合型集团的"3.0时代"。截至2018年12月底，南山区委区政府与深圳大学进行战略合作，新成立"深圳大学附属教育集团"，目前南山已经拥有七个公办性质的教育集团。

2017年11月初，中国教科院2017年第二场"教育局长谈教改暨学习十九大精神，倾听基层声音"报告会在北京召开。受大会邀请，我在会上以《集团化是推进区域教育优质均衡发展的有效途径——深圳市南山区中小学校集团化办学的思考与实践》为题，详细介绍了改革发展中的南山教育，以及集团化办学"南山方案"的思考与实践，获得了教育部及中国教科院相关领导与专家的充分肯定。中国教科院院长田慧生认为，南山区多年来以集团化办学为基础，打造优质教育资源带，解决了区域教育发展不均衡不充分的问题。教育部综合改革司司长刘自成表示，南山区重视集团化办学，改革思路清晰，举措有力，各方面协同推进，成效明显。希望南山区能进一步先行先试，为全国深化教育综合改革和集团化办学做出更大的贡献。

2018年4月13日，深圳市委办公厅、市政府办公厅《深圳信息（内刊）》刊发了《深圳市南山区集团化办学经验提供"南山方案"再获国家级部门肯定》，提炼分享了南山教育集团化办学的四条经验。

我所任职的两个单位——深圳南山外国语学校、深圳蛇口育才教育集团（当时我还兼任育才高中校长），现在都在南山七大教育集团之列，所

2017 年全国集团化办学研讨会

以我的教育经历、视线、思考也从未离开过集团化办学，由表及里，我非
常了解集团化办学的"南山经验"（也称"南山方案"），并为南山集团
化办学的内涵进一步丰富做出贡献和努力。同时，我也深刻地体会到集团
化办学中存在一些隐忧、一些困惑、一些当下还难以下定论的内容。现借
本专题和北京中科院专场分享会的发言，我对南山的集团化办学做一个全
面的梳理。

教育体制改革简报

〔2018〕第7期

（总第586期）

国家教育体制改革领导小组办公室 2018年1月10日

深圳南山：集团化办学助推 区域教育优质均衡发展

深圳市南山区坚持公办导向，采用加入型、内生型、联盟型、委托管理型等多元模式，探索集团化办学，快速提升新建学校质量。

一、"优质学校+新办学校"，扩大优质资源覆盖面。 导入集团品牌。发挥品牌优势，将新办学校纳入已有集团或组建新集团，有效破解新学校成长周期长难题。2017年将太子湾学校等三所新建学校以"独立法人、联盟管理"方式，分别纳入育才、

南山区的集团化办学经验得到总结、推广

一、南山开展集团化办学的相关政策依据和背景

《国家教育事业发展"十三五"规划》中提出，全面提升教育发展共享水平，推动县域内均衡发展……推广集团化办学、强校带弱校、委托管理、学区制管理、学校联盟、九年一贯制学校等办学形式，加速扩大优质教育资源覆盖面。

中共中央办公厅、国务院办公厅2017年9月印发的《关于深化教育体制机制改革的意见》提出，改进管理模式，试行学区化管理，探索集团化办学，采取委托管理、强校带弱校、学校联盟、九年一贯制等灵活多样的办学形式。

2017年全国"两会"上，教育部部长陈宝生表示，出现择校、天价学区房等现象，其根本原因是教育资源分布不均衡，今后将推进优质学校

集团化办学，让孩子们在家门口上好学校。

深圳市 2017 年改革计划中，南山区被列为"探索集团化办学模式改革"试点区之一，要求明确教育集团在编制、经费、管理、评价等方面的配套办法，促进教育集团优质发展和可持续发展，努力培育一批品牌教育集团。组建若干个教育集团，发挥名校资源辐射力和带动力，以实体化合并或联盟发展、委托管理等形式，充分输出名校的管理机制和经验，孵化一批新建高中，扩大优质教育资源。向各区推广集团化办学方案。

率先成立跨区域教育联盟

二、正确理解集团化办学的几个概念

教育集团是相对于普通独立的学校提出来的概念，是优势互补的较大规模的、多层次的、多形式的教育联合体，具有集团资源的规模性、集团管理的专业性、集团功能的多样性、资金来源的广泛性、组织结构的层次性等特征。

集团化办学是一种特殊的办学组织形式，由一所名校和若干所学校，依据共同的办学理念和章程组建学校共同体，在学校规划、日常管理、课程建设、教师发展与设施使用等方面实现共享、互通、合作、共生，进而实现共同体内优质教育资源品牌的辐射推广与合成再造。

集团化办学提高了优质教育资源的使用效率，引发了区域内教育资源的进一步整合和优质教育品牌的扩张，同时也促进了学校在其办学机制、学校管理和教师发展等多方面的变革，在较短时间，以较快的速度，创造性地解决了基础教育领域优质教育均衡发展的现实问题，促进和推动了基础教育领域的公平和均衡。

许多研究者认为，集团化办学是社会转型期义务教育优质均衡发展的阶段性产物。

三、国内外集团化办学的缘起、现状和主要模式

1. 国外

教育集团主要是在教育的产业论得到了学界的肯定，以及受众多的企业集团成功案例的启示而出现的，特别是受到 20 世纪 60 年代美国经济学家舒尔茨人力资本相关理论的影响。以美国为例，20 世纪 90 年代，美国的公立学校开始加入教育集团。国外教育集团主要是通过加盟式和派生式两种途径产生。美国爱迪生公司是加盟式教育集团的一个典型案例，特许经营是多数大型教育机构以派生方式扩张其业务范围的重要手段。教育集

团化的主要价值体现在：

一是通过借鉴、采纳企业集团组织制度和产业运作思路方面的经验，教育集团化办学为教育领域开辟了诸多新的思路。

二是教育集团在教育和资本市场之间架设了一座桥梁，从而极大地增加了教育投入，缓解了各国教育财政体制中教育经费投入严重不足的问题。

三是教育集团借助规模化，讲求自身的成本效益，注重教育的质量和品牌，并且实现了相对较高的办学效益，对整个教育体系内的学校改革提供了有益的启示。

2. 国内

我国教育集团产生于 20 世纪 80 年代末 90 年代初，主要源于国内教育产业观念的传播和民办教育的兴起。随着社会经济快速增长和教育事业的大力发展，政府主导型的教育集团也逐渐诞生。当教育在同一主体下个体规模扩大、数量增多时，就应适当借鉴经济发展的经验和成果，引入企业集团组织形式，在具备一定条件的基础上，由单一向群体发展，组建教育集团，从而提高教育的组织化程度，提高教育资源的配置效率。

从现有资料看，国内起步比较早的公办教育集团应该是上海建平教育集团。1993 年建平中学开始筹组建平教育集团，由于其发展更多依靠学校自身资源，而且多以经营性质的民办学校发展为主要方向，因此，还不能成为真正意义的政府主导型教育集团。我国第一个真正意义的政府主导型、以义务教育均衡发展为宗旨的教育集团是 2002 年 12 月正式成立的杭州市求是教育集团。但是，求是教育集团当初成立仅限于小学层面的教育，还没有涵盖基础教育的所有层次。2003 年 4 月 8 日，深圳市南山区在原招商局工业区子弟学校——育才学校基础上组建了蛇口育才教育集团，成为广东省第一个以公办学校为主体、以实施素质教育为纽带、以探索现代学校制度为目的的多体制、多形式、多层次办学且具有独立法人资格的教育集团。

以下是国内主要地区集团化办学的基本情况。

北京：推进"盟贯带""教育新地图"。2017 年 3 月发布的新一轮教改方案提出，2017 年，6 个城区将加大对一般学校的精准扶持，每个城区至少选 3 所普通学校和优质学校合并或集团化办学；两三年内，在城区新增 25 所优质小学或九年一贯制学校，把辖区内最薄弱的学校并入优质教育集团或与优质校深度联盟。北京集团化办学方式主要有：依托名校组建教育集团（如北京三十五中）、依托名校衍生集团（如北京十一学校集团）、依托高校兴建集团（如中国传媒大学附属学校）。管理架构"多元并存"，有紧密型、分散型、复合型等。北京的集团化办学目前处在积极的探索阶段或者爬升阶段。

上海：实施"新优质学校集群发展行动"。采取学校自主组合、行政主导组合等多种方式，鼓励优质品牌学校在同一区县内或跨区县组建办学联合体，带动发展相对薄弱学校、农村学校、新建学校，分享先进的办学理念、成功的管理模式、有效的课程教学、优秀的教师团队等，增强自身造血机能，获得更稳健的发展。学区化集团化办学的时间表和线路图：2014 学年在徐汇、杨浦、闸北、金山 4 个区先行试点，2015 学年在各区县全面推行，制定学区化集团化办学三年规划，到 2017 年年底，基本形成学区化集团化办学新格局，努力让每一所家门口的学校都优质。

杭州：2009 年印发《关于进一步推进名校集团化战略的实施意见》。在《关于杭州市推进名校集团化战略的调查与思考》中主要总结出四条经验：因地制宜抓推进、解放思想重创新、区域联动增合力、注重孵化提品质。杭州的发展模式主要是：连锁式（即由原来的一个教育机构或组织，通过不断派生出新的分支机构，不断扩大规模，形成集团式的教育机构或组织）、加盟式（通过对存量教育资源进行整合而形成的教育集团）、合作式（由几个教育机构或者非教育机构通过与教育部门、学校签订管理合同的方式委托管理）、嫁接式（由名校向薄弱学校输出先进办学理念、优质教育资源和成功管理经验形成教育集团）。

成都：以青羊区为例，有各具特色的八大教育联盟和集团，涌现出 27 所新兴品牌学校，优质教育资源覆盖率达 86.9%，推进了义务教育高位均衡发展。主要有三条经验：以"三个基本一致"（发展机会基本一致、教育设施基本一致、师资力量基本一致）推动均衡发展、以"两个突出"（突出品质化、突出差异化）推动特色发展、以"两大机制"（长效管理机制、考核评估机制）推动高位发展。

　　深圳：深圳中学、深圳外国语学校、深圳高级中学等市直属学校的集团化、集群化办学正加快推进。在区属学校方面，宝安的宝中教育集团、新安中学教育集团，龙岗的龙高教育集团等纷纷挂牌，罗湖的翠园教育集团等正在筹备，其他区的集团化办学也在酝酿中。除了大力推进优质公办学校的集团化办学，深圳市也鼓励民办学校集团化、连锁化和联盟化发展，以加快提升民办中小学办学水平，补齐基础教育整体质量的短板。比如龙岗的建文外国语学校（民办）纳入龙高教育集团。

四、南山区集团化办学现状

1. 基本情况

　　截至目前，南山已成立 7 个教育集团，有 37 所学校实行集团化、联盟式办学，学生达 5.1 万人，占全区公办学校的 40%、学生总人数的 55%。集团化办学模式逐渐成为南山区创新办学体制，实现多元化办学的一大特色。集团化办学所带来的系列效应和增量空间越发变大，辐射作用越来越明显。

2. 管理模式及运行机制

　　主要有三种模式。

　　一是"一级法人、两级管理"。比如蛇口育才教育集团就是实行这种相对松散型的管理模式，集团与各分校之间实行"联邦式"的运行机制，无对外人事调度权限，其人、财、物由集团统一编制预算上报及下达，但在具体分配使用过程中，每个分校的预算内、外经费总盘子原则上还是按照该校实际规模，由法定代表人授权给分校校长独立行使职权。事权为"条块结合、以块为主"。集团法定代表人（总校校长）通过法律上的

"总—分"关系管理各分校,各分校校长除承担集团部分管理事务外,还主要负责所任分校的教育教学管理工作,并对法定代表人负责。

二是"一级法人、一级管理"。南山实验教育集团与南山外国语学校(集团)均实行这种紧密型管理模式,人、财、物由学校总部统一编制预算上报及使用,但在具体分配使用过程中,由集团给予下辖分校一定额度的经费自主权。两所学校的法定代表人代表学校管理层行使综合管理权,同时副校长按业务条线分管各学部管理事务;各学部部长负责学部的日常管理工作,并对总部管理层负责,事权为"条块结合、以条为主"。

三是理事会领导下的校长负责制。南科大实验教育集团将组建集团理事会作为决策、监督机构,充分引入大学资源,引进"校外脑库",校地联姻,合作办学,推动改革;并建立集团办学专项公益基金,用于集团教育教学改革、教育信息化及国际化发展、事业单位法人治理结构改革等。

3. 办学特色

蛇口育才教育集团的办学特色有三点。一是既实现了优势互补又展现了各分校的办学特色。育才教育集团是"外生整合型"教育实体,自整合实施集团管理以来,衔接过渡较为顺利,优质学位得到了充分扩充。二是一定范围内实现了资源共享。集团实行统一品牌、统一管理、统一宣传招生,形成了统一的教育资源效应。各分校的校舍、设施、活动基地、图书资料、信息技术等资源由集团统筹,在一定范围内实现了资源共享,避免了闲置和浪费。三是基本实现了人力资源的优化配置和高效利用。部分主课以外的学科实行流动管理,例如音乐、美术、体育等技艺类课程教师,由集团统筹安排,在集团内采取"走课制"等,特长科目实行"主教练负责制",名牌教师"挂牌上课"。

南山实验教育集团与南山外国语学校(集团)均是"内生扩张型"教育实体,近几年均以"名校加新校"的模式扩张,办学规模逐年扩大,其办学特色主要体现为三方面:一是校长权责统一,能整合全校资源迅速提升新办学校整体建设及管理水平,带动新办学校快速发展;二是"条块结合、以条为主"的运行机制,让学校管理层在条线上有统揽全局的优势,层级清晰，有利于各项工作平衡发展；三是享有校内人员调配自主权限，能将先进的教育教学理念及校园文化复制到所属学部，扩大学校品牌效应。

南科大教育集团和南山二外集团，以及 2018 年年底新成立的深圳大学附属教育集团的管理架构、运作模式正在探索中。

五、南山区集团化办学的主要经验

经过多年的发展，集团化办学为南山区基础教育的改革和发展带来了生机与活力，也为教育创新搭建了新的平台，在多个领域显现出集团化办学效益，促进了南山教育优质均衡发展。

1. "优质学校+新办学校"：扩大优质教育资源覆盖面

通过集团化办学，实现了优质品牌的有效输出，特别是通过大力支持新建或承办校（园），缩短新建（承办）校（园）成长周期。充分发挥名校的优势，以老校带新校，以新校促老校，老校在管理和师资上支持新校，新校在办学水平上瞄准老校，促进老校再上新台阶，从而提升集团的整体教育水平，满足人民群众对优质教育的需求，促进了教育均衡化发展，得到了社会的极大认可。

育才教育集团承办了原蛇口工业区三所幼儿园，更名后的育才一幼、育才三幼、育才四幼在集团幼教中心的指导下很快融入了育才大家庭，并举办阳光幼儿园。在育才一小、育才二小、育才二中的帮扶下育才三小、育才四小、育才三中逐渐发展壮大。海湾小学更名为太子湾学校，纳入育才教育集团管理。集团的成功运作使育才的品牌效应进一步下位辐射，也使育才教育集团的教育真正实现了从幼儿园到高中的无缝衔接。

南山实验教育集团和南山外国语学校（集团）也通过集团化办学扩大了优质资源。南山实验教育集团在原有南头小学基础上，先后创办了麒麟小学、麒麟中学、鼎太小学、荔林小学、南海中学、荔湾小学、园丁学校。南山外国语学校（集团）在原有文华学校基础上，先后举办了科苑小学、高新中学、滨海中学、大冲学校、科华学校。通过"名校办新校"的发展模式，让名校的管理文化、制度文化、课程文化等很快辐射到新办学校，新学校借助集团化办学优势，在很短的时间内发展起来，形成自己的特色项目，树立起良好的学校品牌形象，让更多的老百姓在较短时间内享受到了优质教育资源，实现了"办一所优一所"的目标。

南山的集团化办学，并未使得集团内的优质教育资源受到稀释，而是通过多种形式的合作，使集团内的优质学校在充分发挥辐射作用的同时，能够向新的高度攀升，并使集团的整体教育水平都能达到甚至超过原有优质学校的水平，进而实现接近或高于其他集团和其他地区办学水平的目标，做到内外两个优质均衡发展。集团化办学是一个着眼于均衡发展而立足于提升质量的教育模式，高质量是集团化办学的生命。

2. "集约化+规模化"：促进教育资源实现优化配置

集团化办学可以实现资源的有效利用和合理分配。集团内的各学校，可以通过集团统一品牌、统一管理模式、统一宣传招生，形成规模效应。集团以品牌推介、活动推广、国际交流、资讯整合、物业后勤、集中配货、人力培训等管理支持手段，为其成员学校提供教育保障条件。

集团根据实际情况在各个校区（各个学部）之间优化教育资源的配置，各集团对各成员校的人、财、物进行统一管理，分级使用，形成了统一的教育资源效益，并提高教育资源的利用效度，各个校区（各个学部）的综合效益都得到了全面提高。比如，集团对各校教职工实行动态管理，部分学科教师采取集团管理与学校管理相结合，音乐、美术、体育等技艺类课程教师，由集团统筹安排，在集团内实行"走课制"，特长科目实行"主教练负责制"，名牌教师"挂牌上课"，实现了集团内人力资源的优化配置和高效利用。当小学的教育质量得到明显提高后，学校在教育资源配置方面适当向初中倾斜，从而使初中的教育质量得到飞跃发展。而当初中教育质量得到了飞跃发展后，学校又把教育资源适当向高中倾斜，集团化学校规模经营的巨大效应得到了充分体现。

3. "整体规划+学段贯通"：实现基础教育的有效衔接

各集团校有效地给出了学生各阶段的学习规划，有利于实现学段衔接，解决学生对新环境、新的学校文化适应时间较长的问题，可以很顺畅地将学生在幼儿园、小学、初中、高中四个阶段的学习或其中某几个阶段的学习进行有效整合，形成一个大教育的整体规划，产生"四个一加一大于四"的"大教育"效应。实现了从幼儿到高中的各学段的"无缝衔接"，保持了教育过程的一贯性，极大地促进了片区教学质量的整体提升。在《深圳中学2016届高考高分学生初中、小学毕业学校》调查中，来自南山区的高分考生数量位居全市各区第一。集团化学校在小学统测、中考、高考等各类考试和竞赛中，均在区内领先。

4. "条块结合+精细管理"：优化内部治理结构和体系

教育集团立足自身实际，遵循人才成长规律，借鉴汲取国内外先进管理经验，不断优化内部治理结构和体系。育才教育集团实行"一级法人、两级管理"相对松散型的管理模式，集团与各分校之间实行"联邦式"运行机制，由法定代表人授权分校校长独立行使职权。事权采取"条块结合、以块为主"的管理模式。南山实验教育集团与南山外国语学校（集团）实行"一级法人、一级管理"的紧密型管理模式，集团校长代表学校管理层行使综合管理权。各分校校长按业务条线负责分校的日常管理工作，并对总校管理层负责，事权采取"条块结合、以条为主"的管理模式。

育才教育集团2008年在全市率先导入美国波多里奇卓越绩效标准，对战略管理进行顶层设计，制定并细分了学校发展规划，注重过程管理，从学生的需求出发，优化流程，精细管理，更好地为学生服务，获得南山该年度"区长质量奖"。南山实验教育集团开展"八岁'能读会写'"实验，从全局出发对师资、设备进行统一调配，使实验在各个部都能均衡发展，满足了市民不断扩大的对优质教育资源的需求。南山外国语学校（集团）高中短短四年间便在广东省高中教学水平评估中获得优秀等次，集团化学校规模经营的巨大效应得到了充分体现。

5. "多元化+特色化"：形成具有本土特色的集团化办学模式

南山区集团化办学不为模式所囿，采用多元模式灵活发展，逐步形成了四种基本形态。

一是加入型。即原存量办学单位抱团一体化发展,形成集团学校一致认同的理念、行为、体系和标准,各分校既能资源共享、特色发展,又有较大的办学自主权,如蛇口育才教育集团。

二是内生型。原来的一所优质学校通过增挂新的校区不断扩大规模,最终形成集团,如南科大教育集团、南外集团。

三是联盟型。通过组建多样化联盟,实现对现有教育资源的整合。如深圳大学城联盟学校由同一层次的若干学校按照同一标准组成,育才教育集团与龙珠中学、南山实验教育集团与白芒小学、南山外国语学校(集团)与桃源中学、南山第二外国语学校与平山小学,实现南北片区联盟办学。

南山区政府、南方科技大学合作办学协议签约暨两个集团揭牌仪式

四是委托管理型。教育部门选择新建学校,委托给原有的集团化学校管理,被委托的学校保留独立法人,增挂总校分校校牌,接受总校的教育教学业务管理。如育才教育集团太子湾学校、南山实验教育集团园丁学校。

南山区与深汕特别合作区合作共建南外（集团）深汕学校，南山首次输出集团品牌

　　南山区的多元模式有效扩大了优质教育资源，让名校的学校文化、管理制度、课程体系、优秀教师等快速辐射到新办学校。近两年新组建的南科大实验教育集团、南山第二外国语学校（集团）、深圳大学附属教育集团，将为南山探索新的集团化办学模式带来更多可能。

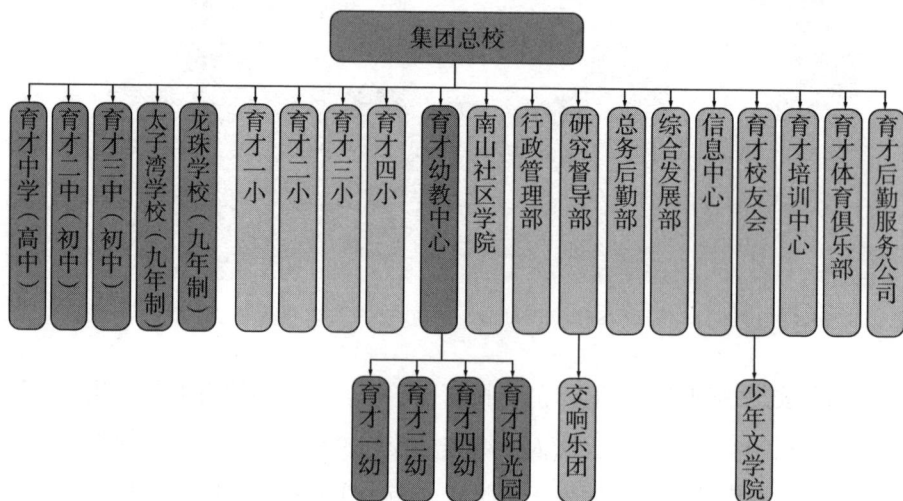

育才教育集团组织架构

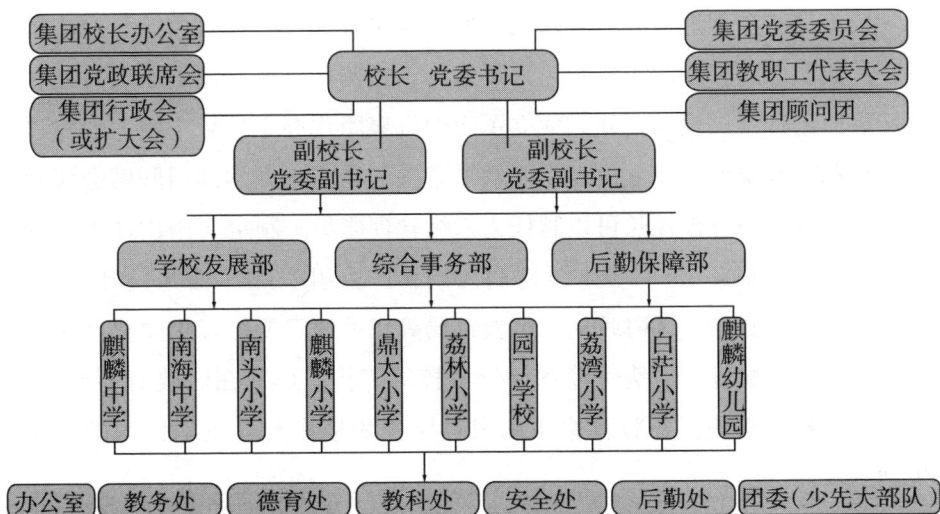

南山实验教育集团组织架构

六、南山区推进集团化办学的一些思考

在当前的教育改革中，如何对集团化背景下的教育均衡公平进行再认识？转型升级下的集团化办学如何继续推进？南山区集团化办学的未来走势将会如何？

为破解发展难题，进一步推进集团化办学改革，南山区组建了区领导牵头的专项课题组，系统总结梳理南山集团化办学经验，带着问题赴成都、杭州、北京及深圳兄弟区开展调研，形成了南山区集团化办学模式改革"1+1+N+5"系列文件，即1份调研报告、1个区政府指导意见、N个配套文件（目前4个）、5个集团章程，初步厘清了发展方向，力求实现集团化办学理念的新发展、新突破。

1. 加强区域层面的顶层设计

集团化办学不仅是当今社会发展的一种需要，更是打造教育品牌、提升教育质量的一种重要途径和方式。在组建集团化学校的过程中，相关教育行政部门和利益相关方应通过决策性会议和政策文件的方式，明确集团化学校治理的法理地位和有效权限，使其有法可依、有权可用。政府应协调相关职能部门，在政策制定、人员编制、经费扶持等方面给予支持，在区域层面进行顶层设计。我们成立了南山区集团化办学领导小组，强化顶层设计和区域统筹。建立由区主要领导牵头的集团化办学部门联席会议制度。各教育集团总校校长可以聘任为六级管理职员。制定《南山区教育集团办学管理细则》，进一步加强部门协同，区委组织部（编办）、区发改局、区人力资源局、区财政局、区教育局等相关部门要做好集团化办学编制管理、队伍配备、经费保障和评价考核等工作，形成在区政府领导下，各个部门各司其职，各教育集团和成员学校积极参与、主动作为的工作机制。

同时，教育行政部门将对集团化办学给予宏观指导，对管理体制、管理模式等运行机制进行指引，对各教育集团实体从学校发展、教师发展、学生发展、社会认可以及发展潜能等层面，进行全方位办学质量监测与评估，并出具年度监测报告，保障整体教学质量提升。指导集团制定并完善章程，对现有的五个各具特点的集团化学校的目标管理、治理模式、资源配置、运行规程等进行分类指导，让各集团开展各自侧重的探索项目和实验内容，鼓励各集团特色化、个性化发展，激发各集团的活力，避免大一统呆板僵化的管理模式。采用多元灵活的法人方式（紧密型、松散型、复合型），适度弱化集团的行政功能，最大限度地减少管理层级，提高管理效能，把重心放在文化、课程、标准、质效上。

2. 理顺集团内部治理结构

推进探索教育集团法人治理结构改革。通过倡导和逐步规范，实现集团化学校治理模式相对统一，并相对明确其治理权限。建立集团化学校治理绩效激励机制和督导评价机制，为集团化学校良性发展提供制度保障。集团化学校未来要进一步加强文化凝聚力，进一步提升自身的发展品质，注重研究办学经验的推广和可复制性。为完善内部管理，解决好集团化办学实体集权和分权的关系，充分调动每个成员学校积极性，使集团整体发挥出"1+1>2"的协同效应，结合事业单位体制机制改革的目标和要求，我们有如下打算：

一是强化集团战略与发展目标，促进成员学校目标发展的指标化、过程的流程化和管理的绩效化。

二是积极探索建立以理事会为核心的法人治理结构，形成决策权力层、执行层、监督层三者有机结合的管理架构。非联盟式的集团成立理事会或管委会，联盟办学团体成立校（园）长联席会等形式的组织机构。鼓励有条件的集团引入基金会参与办学，基金会可委派成员进入理事会。理顺内部关系，缩短管理链条，明确权利分配与监督制约，实现决策、执行和监督的有效制衡。通过优化集团法人治理结构，构建以公益目标为导向、内部激励机制完善、外部监管制度健全的运行机制，形成集团化办学实体独立运作、依法自主管理、独立承担法律责任的法人主体。

三是进一步完善"条块结合"运行机制，扁平化设置机构，提高执行效率，发挥集团办学的整体资源优势，逐步减少集团总校与成员学校在管理中的矛盾。

3. 优化集团内部运行机制

建立集团内部的运行机制是集团化办学的重点工作之一，集团化学校要健全完善以下机制：

章程规约机制。南山区的五个教育集团因为形成（组成）方式不同而各具特质，制定集团总章程，既能对集团的办学理念、发展目标、管理体制等进行进一步规范，又能指导成员校的办学行为，促进各成员校管理模式、教育教学、学生发展、后勤服务与集团对接，同时厘清集团与各成员校的责、权、利关系，有利于集团内各分校依规办学。

资源共享机制。集团成员校共享名校品牌和各成员校的教育资源，充分发挥集团在文化共建、课程统筹、师资共享、教学研究、人才培养、资源聚集及共享等方面的优势，探索在集团充分授权基础上各成员校个性化、特色化发展模式。充分调动并发挥集团内各成员校的积极性、主动性和创造性。

绩效评估机制。集团按照章程对成员校进行专项或整体评估，形成评估报告，总结发展经验，调整办学策略，优化发展路径，提升办学绩效。

人才流动机制。在集团化办学的过程中，积极培养骨干教师和干部，使其按照相关要求在集团内轮岗交流学习，并适时向上级举荐优秀人才。

4. 合理控制集团发展规模

集团化办学是南山教育创新办学体制机制的重要模式，从管理幅度方面考虑，为促进中小学校生源的衔接，提高管理的有效性，需要尽快制定实施规范化的管理办法。

适当控制每个集团化办学实体规模，设定非法人成员校和独立法人成员校数量，原则上不宜无限扩张，保证管理到位。集团内部不具有独立法人资格的分校区原则上不超过 5 个；按"独立法人，联盟管理"方式吸纳的具有独立法人资格的分校原则上不超过 10 个；上述两种形式均具备的集团，分校及校区总数原则上不超过 10 个。

5. 加强集团管理人员配备和师资配备

相关部门（教育、人资、财政等）应整体联动，系统地考虑集团化学校的集团层面干部、工作人员编制，分校层面的校级领导配备以及相关硬件设施配套等问题。南山区给集团学校编制核定适当上浮，高级专业技术岗位比例上浮 5%，由集团统筹调配，主要用于薄弱学校发展的人才保障。

加强集团化学校管理团队建设，形成层次清晰的管理人才梯队。加强教师队伍建设。教师是立教之本、兴教之源，为了培养具有创新思维和国际视野的教师，加强教师队伍建设的紧迫性越发凸显。集团学校要进一步完善教师培训体系。比如入职培训、信息技术培训、精英培训、领航者培训、中层干部培训、班主任培训、校长培训等。加快"走出去"的步伐，教育理念和教学方式的转变靠理论培训更要靠实际体悟，海（境）外培训要尽快实施并形成长效机制。集团化学校可以借助资源整合优势，率先探索建立负责外教甄选、管理的"第三方专门机构"。

6. 发挥集团化办学孵化功能

继续探索"优质集团学校+新校"等多元组团模式，总结提炼教育集团作为名校孵化基地的创新经验。原则上新建学校纳入集团化管理。

南山区的新建学校和改扩建学校要跟上现实需求，提高建设标准和配套要求。对集团化学校内发展相对成熟、老百姓满意度较高，并有独立发展意愿的学校，逐步扩大其办学自主权，支持其以独立法人身份自主办学。

同时，在目前体制下，优质公办学校（集团）具有更强的与政府及其他组织对话的能力，更容易汇聚政府和社会资源。要防止其因此造成对原区域学校的资源挤压，导致区域新的教育不均衡。

7. 创新集团化办学新思路

社会使命和责任是集团化办学的价值旨归，集团化办学是基础教育兼顾公平和效益价值取向的有效形式，对扩大优质教育覆盖面具有重要的意义。进一步满足人民群众对优质学校的需要，是集团化学校理应肩负的历史重任。发展模式向体系优化转变，打破边界、资源共享，提供有质量、丰富的教育。

改革永远在路上。教育集团化办学作为在南山诞生的一个独特的改革创新成果，仍将继续在追寻教育资源利用最大化、集约化、优质化、科学化的方向上前行。而且我们也欣慰地看到，在南山教育集团化的"方案贡献"和经验参照下，其他兄弟区也在积极探索集团化办学的有效路径和模式。下一步，我们打算进一步拓展办学领域，一是向学前教育延伸。加快学前教育集团化办学进程，参照全区幼儿园联盟管理办法，采取"公办园+联盟园"模式，以我区五所公办园为龙头组建若干学前教育集团。二是向公益民办学校延伸。把帮扶南山公益民办学校，迅速提升公益民办学校软实力，作为我区基础教育集团化办学的重要内容。鼓励集团学校与公益民办学校缔结教育联盟，补强南山民办教育短板。三是向教育帮扶地区延伸。以广东连平，广西田阳、德保扶贫地区为重点，通过与当地薄弱学校组建学校联盟、开辟空中课堂等形式实施精准帮扶，输出南山优质教育资源。

东方硅谷，教育先行。南山区将始终坚守"让每一所学校都优质，让每一位教师都精彩，让每一个孩子都幸福"的教育理想，打造教育的"南山质量"，持续推动南山教育创新、优质和均衡发展。

附：

深化集团化办学　促进基础教育优质均衡发展
倡议书

今天，由中国教育科学研究院、深圳市南山区人民政府主办的集团化办学全国研讨会在改革开放的前沿深圳市南山区召开。全国代表聚集一堂，学习十九大精神，围绕落实体制机制改革意见、探索集团化办学，展开多方讨论、交流和调研，共同发起深化集团化办学的十点倡议。

1. 将集团化办学作为现阶段促进教育公平的重要举措。探索集团化办学是对破解人民日益增长的美好生活需要和教育不平衡不充分之间矛盾的积极回应。应体现公平和效率兼顾的价值取向，扩大优质教育资源覆盖面，创新探索各具特色的集团化办学区域模式，缩小校际差距、补齐教育发展短板。

2. 充分发挥集团化办学在优化资源配置中的积极作用。集团化办学打破了校际壁垒，实现办学理念辐射、骨干教师流动、教学资源共享、设备场地共用等，群体优势、组合效应、规模效应得以充分发挥。应加大教育供给侧结构性改革，优化教育供给的结构和质量。

3. 推进集团化办学要坚持先行先试。集团化办学在我国的探索时间还很短，理论建构还比较薄弱，认识尚比较肤浅，实践经验积累不足，缺少可借鉴的成功模式和经验。应加强改革试点，循序渐进，根据办学环境、办学需求和区域教育资源现状，探索灵活多样的办学形式。

4. 推进集团化办学要坚持因地制宜，稳步推进。集团化办学是有效的办学模式之一，我国区域、城乡、学校之间差异较大，应尊重教育规律，科学布点，因地制宜，一校一策。尊重地方教育行政部门和学校的创造精神，独立探索多样化的办学模式，避免一刀切，走形式，一哄而上。

5. 推进集团化办学要坚持"质""量"并举。集团化办学的资源配置、名师辐射、学段衔接和特色发展优势，极大地提升了区域教育竞争力。应将是否真正扩大优质教育资源覆盖面，是否使学生真正受益，是否得到学生、家长及社会的认可，作为评价集团化办学效益的重要指标。

6. 推进集团化办学要坚持适度规模。集团化办学具有一定的边际效应，我们反对稀释优质资源，也反对为了维护名校利益虚假挂牌。应以学生安全、健康成长为根本，合理控制集团化办学规模，保障优质资源的扩展和再生，注重集团的运行效率，实现有质量的可持续发展，实现"1+1>2"的办学效益。

7. 推进集团化办学要构建现代教育治理体系。集团化办学需要建立现代学校制度，使内部治理和运行机制有法可依、有权可用。应探索理事会等治理模式，厘清集团总校和成员学校之间的架构、层级和权责，完善法人治理结构，建立授权机制，形成结构清晰、边界明确、科学合理的治理体系和运行机制。

8. 推进集团化办学要重视评估激励。教育集团与单一学校相比，与教育行政部门形成了新型关系。应坚持"放管服"结合，激发办学活力，建立和完善集团化办学绩效督导评价和激励机制，发挥政府对集团化办学的统筹规划、综合协调、政策保障和监督管理作用。

9. 推进集团化办学要坚持科研引领。集团化办学需要营造良好的学术氛围，在模式类型、组织架构、内部治理关系、效果评价等领域提供理论支撑。应加大集团化办学的研究力度，加强顶层设计，制定系统扶持政策，指导办学实践。

10. 推进集团化办学要坚持协同创新。集团化办学涉及教育观念的转变、治理结构的变革、利益格局的调整、学校文化的重塑和方式方法的创新，是一项系统性工程。应加大各级政府推动力度，加强部门间协作，鼓励全社会的支持和参与，建立教育集团辐射带动和孵化品牌学校的长效机制。

未来任重而道远，让我们携起手来，在教育集团化办学探索与创新的路上不忘初心、砥砺前行。

二〇一七年十二月十四日

课程改革持续深化

　　5 年来，南山教育改革发展与国家教育发展战略同频共振，全面加强党对教育工作的领导，坚持立德树人，怀揣教育理想，坚守职业道德，践行价值追求，全面推进质量攻坚十大行动项目，打造教育的"南山质量"，为南山打造世界级创新型滨海中心城区提供了有力支撑。未来，南山教育将努力成为中国基础教育课程改革和素质教育的一面旗帜。

——2018 年 12 月 26 日接受《南方日报》记者专访

　　做基础教育，必须关注、研究课程改革。中国政府最新一轮对基础教育最全面、最系统、最具影响力的课程改革，号称"第八次基础教育课程改革"，始于 1996 年，它是伴随着《幼儿园教育指导纲要》的推出开始酝酿从而走上历史舞台的。

　　南山教育因课程改革而兴，因课程改革而变革腾飞。早在 1998 年，南山就已经成为广东省课程改革实验区。在国家正式确定第八次课程改革试验区名单之前，南山部分学校已经悄然开始了课程改革的尝试。比如，当时的海湾小学，他们探索课程整合，把社会、思品、法制课整合为"社会公民课"，把自然、科技、手工课综合为"现代科技课"。

2001 年，国家正式宣布启动第八次基础教育改革，南山以其锐意进取的姿态和势在必为的冲劲，抓住了该次课改良机，走上了全国课改的舞台中央，不断地为这次课改提供鲜活的样本和参照，不断地发出南山教育人开展课改的时代强音，"课改看南山"一度成为当时全国评价南山教育的热词。教育部基础教育司原副司长朱慕菊评价"南山是全国课程改革的一面旗帜"。

　　课程改革，改的是课程资源、知识体系，深度关切的却是"培养什么样的人？如何培养人？"，它涉及从教育理念到教育场域到课堂组织最后到成长评价的整个链条、各个关键环节的整体改革。具体来说，南山教育课程改革自 2001 年开始，力求在上述方面都有所表达、有所行动。

一、南山区推进课程改革"四步曲"

　　南山区课程改革从 2001 年拉开序幕至今，走过 18 个年头，主要经历了以下四个阶段。

（一）起步摸索阶段（2001—2004 年）

　　2001 年，南山作为全国首批 38 个国家级实验区之一、广东省唯一的国家级实验区，课改实验在义务教育阶段学校率先启动。这一阶段，我们以综合课程为突破口，积极探索体现新课程理念的教育教学方式和评价方式。成立课改领导小组，制定《关于加强基础教育课程改革的意见》，并划拨 600 万元专项经费，保证了课改实验的顺利开局。

　　这一阶段我们具体做了三项工作。一是率先设置综合课程。制定了艺术、科学、历史与社会、综合实践等学科综合课开设的指导意见及教师工作评价方案，通过增设实验室、加强师资配备、评选课改挂牌教师，为实验提供保障。二是率先开展中考评价改革。制定《2004 年高中阶段学校招生考试方案》《初中毕业生综合表现评定方案》，实行中考等级评价制度，并将"综合表现评定"结果作为高中阶段学校录取新生的重要依据。三是率先建立校本教研体系。建立区级、片区、校级、科组四级校本教研管理机构，保证校本教研的有效开展。

这一阶段改革取得了显著成效。编写了科学、历史与社会、综合实践等一批课程教材，出版了 15 部新课程案例集。涌现出南山实验学校等课改名校和一批课改名师。3 名学生入选"中国少年科学院小院士"。多次在教育部课改专题会议上做经验介绍。先后承办 10 余次国家级课改研讨会。200 余人次受邀到全国各地讲学或上示范课。

（二）全面推进阶段（2004—2009 年）

2004 年，南山区普通高中新课程实验工作启动，课改实验覆盖中小学所有学段。我们以选修课程设置和开发为突破口，大力推进独立学习和研究性学习。

这一阶段我们主要做了三项工作。一是推进选修课程设置和开发。积极开设选修课程，稳妥推进国家课程校本化实施，引导学校探索本校课程体系建设，形成了琳琅满目的"课程超市"。为适应选修课程对学习能力的要求，与中科院深圳先进技术研究院等协作，推出"独立学习计划"，聘请校外博士担任导师指导学生。二是强化科研引领，推进小课题研究。以问题为导向，通过自主研究、案例研究、专题研究、合作研究等方式，调动教师教育科研积极性，展现了科研兴校的办学特色。三是率先在义务教育学校实施"减负承诺"行动。制定"减负承诺书"，严格控制在校时间、家庭作业时间，实现教师向校长承诺、校长向家长和社会承诺，形成了减负工作的长效机制。

这一阶段改革也取得了明显成效。全区开设校本课程 700 多门。沙河小学数学教材模块化改造、海滨实验小学教育目标分学科应用、育才一小体育分项教学实验等成为国家课程校本化改造的典型。育才中学成为全国普通高中新课程实验样本学校。2007 年，参加第一轮课程改革实验的 1893 名高中学生以出色的高考成绩对课程改革进行了有力证明。反映南山课程改革情况的《新课程序曲》由人民教育出版社出版。

开展信息技术与学科整合实验

出版多部新课程课堂教学案例

（三）持续深化阶段（2009—2013 年）

2009 年，南山召开全区课堂教学方式改革现场会，推进卓越课堂文化建设。以转变教学方式为重点，重构学校课堂文化。

这一阶段我们主要做了三项工作。一是确立课堂文化核心价值观。将"质疑探究，独立学习，合作分享，教师引领"确定为课堂文化的核心价值观，引领全区教育教学方式的深度变革。二是探索卓越课堂文化建设内涵和策略。提出"以学为本，有学无类"教学理念，构建个体自学、同伴助学、互动展学、教师导学、网络拓学、实践研学的"六学"课堂，以及施行"基本式+变式""科学研究+行政推动"、分层推进、评价导向等具体策略。三是建立学生学业质量评价体系。探索"好课程""好课堂""好作业"评价指标，完善学业质量综合评价体系，加大区域学业质量检测力度。

2011 年 3 月 3 日南山区卓越课堂文化建设推进大会

通过探索，华侨城中学、同乐学校、海滨实验小学、育才四小等 60 多所学校形成了 40 多种具有学校特色、学科特点的教学方式。南山区教育局在中国教育学会中小学整体改革专业委员会第 16 届学术年会上做课堂文化建设经验介绍。经验成果在重庆北碚、成都温江等地得到推广和应用。反映南山区教学改革探索的著作《卓越课堂文化建设研究》由教育科学出版社出版。课堂文化建设实验项目成果获得 2014 年首届基础教育国家级教学成果奖二等奖。

（四）创新升级阶段（2013 年至今）

2013 年，南山区教育局发布了《南山区教育质量攻坚五年行动计划（2013—2018 年）》，以未来课堂为导向，确定"质疑探究，独立学习，合作分享，教师引领"为南山学校课程与教学方式的核心指导原则，对教育发展进行全面谋划和前瞻性探索。

"伟大原著"教师培训

　　这一阶段我们主要做了四项工作。一是将社会主义核心价值观、八大素养作为人才发展核心目标。立德树人是教育的总目标。社会主义核心价值观将全面渗透到学校的课程。八大素养是课程的主要内容。二是加大课程创新力度。围绕新高考改革，加强跨学科综合课程、体育艺术类课程等建设。实施校外脑库计划，充分发挥我区率先成立的南山少年创新院平台的作用，以创新为核心，培养批判性思维、数字化和生活适应等关键能力，培育"创客"文化。三是利用信息技术促进教与学方式变革。开展泛在学习、未来教室建设试点。在南科大实验学校等校园开展小班化教学、STEM综合课程、创客式教学与游戏化学习，以及开展"伟大原著"课程和教学法探索。四是打造教师发展3.0模式。成立区教师发展中心，发布《南山教师宣言》，实施"先锋计划"和"引领者计划"，开发教师培训MOOC平台，创新教师专业发展模式。

　　未来，我们将继续发扬"敢为天下先"的精神，对照国际标准，精心做好区域教育整体设计，在泛在学习环境建设、基于大数据的教育评价、学生个性特长培养、跨学科课程整合、小班化教学实验、精英人才校园共享等领域开展深入探索，主动适应教育新常态，推动南山教育迈上新台阶。

2016年6月21日南山区首届精英教师总结汇报会暨第二届精英教师启动仪式

米特·阿尔特曼教小创客焊接（创客活动）

二、南山主动应对新高考策略

经教育部审核备案，广东省政府印发了《广东省深化普通高校考试招生制度综合改革实施方案》（粤府〔2019〕42 号，以下简称《改革方案》），标志着我省新一轮高考综合改革正式启动。《改革方案》从 2018 年秋季入学的高中一年级学生开始实施，2021 年高考按照新高考模式进行考试和招生录取。

在本轮新高考改革中，南山教育主动应对，从学生个性发展、终身发展需求出发，立德树人，构建弹性选择的高中课程模式和课程体系，鼓励自主合作探究式学习，培育学生创新精神和实践能力，努力实现高中教育的价值回归。主要有以下做法。

提高对新高考重要价值的认识。高中阶段是学生的黄金时期，是人生成长极其重要的一段历程。高中学生需要全面的教育，需要独特而有价值的成长，而不是成为一个考试的机器。新一轮高考改革在确保"公平、公正"的前提下，扩大了教育的选择性，赋予学生更多的学习自主权和考试选择权，有利于转变教与学的方式，尊重学生个性发展，培养适应未来社会需要、具备综合素质和关键能力的新型人才。新高考是一个探索价值回归的过程，加大高中新课程改革的力度，才能真正重视高中教育的价值，回归高中教育的本真。

构建弹性选择的课程模式。顺应新高考制度设计带来的课程变革，南山区进一步扩大学校课程自主权，增加选修课程和打造优势特色学科，不断创新教学方式。制定实施《关于全面深化中小学课程改革的指导意见》，在确保开足、开齐各门类规定课程的前提下，学校根据本校实际和办学特色，自主制订课程开设计划，增大课程的选择性和课程要求的弹性。全区普通高中开发开设选修课程近 600 门，学生根据课程设置说明和选课指导手册，结合自身特质和人生规划，在感兴趣、有潜能的方面选修学分，促进自身特长发展，逐步形成"质疑探究，独立学习，合作分享，教师引领"的课堂文化。区教育局每年资助高中学校特色发展经费 500 万元，用于开发或购买优质课程，建立学科发展基地。

进一步提升学生综合素养。分数不再是唯一标尺，学生的高中过程性学习成果纳入新高考。南山区与中国教育科学研究院开展院区合作，结合教育部教育质量综合评价和深圳市八大素养提升行动的要求，协同推进中小学教育质量综合评价研究，重点发展创新素养、信息技术应用能力和国际视野等核心素养和关键能力。实施《南山区教育质量攻坚五年行动计划（2013—2018 年）》，推进品牌学校打造、创新人才培养、高中特色化发展、教育国际化和信息化等十大重点项目，各校园满意度达 98%以上。在创新人才培养方面，发挥区内高新技术企业、高等院校和科研机构聚集优势，与南山区团委、中科院深圳先进技术研究院联合打造南山少年创新院，建立 20 所学校分院，开展多种形式创新教育课程和创意创客活动。实施"大学（企业）—中小学"合作伙伴计划、校外脑库计划，推进高中创新实验室建设，建立与深圳大学、南方科技大学、腾讯科技、大疆科技、柴火创客空间等融合互动和资源共享机制。在教育信息化方面，南山区承担教育部首批教育信息化试点项目，23 所学校成为深圳市中小学"智慧校园"示范学校，25 所学校建设了未来教室，推动了信息技术与教育教学的融合创新。

加强学生生涯规划教育。新高考改革最大的突破是开始给予学生和高校双向选择自主权。高一学生需要逐步明确自己的个性特长、兴趣爱好、擅长科目，到高二、高三时开始选择考试的科目、报考大学专业等，逐步确立自己的人生规划和奋斗目标。南山区组织编制了《中小学生涯规划教育实施指引》，编辑出版了《高中生职业生涯规划》校本教材，开发了相应的校本课程，让生涯规划指导课进入所有高中学校的课表。指引学生参与丰富多彩的公益活动、志愿服务、学生社团和课题研究等，丰富成长经历。全区近 60 名心理教师和骨干班主任经过培训获得了中国就业培训技术指导中心颁发的"生涯规划师"证书。学校推行"独立学习计划""小先生制"等，鼓励学生与科研院所专家学者结为师生关系，引导学生独立开设选修课程，培养独立学习能力。多次邀请国内外生涯规划师为高中师生进行生涯规划培训指导。

强化教师队伍建设。新高考带来了学校教学管理的课时、师资等教育资源配置的一系列变化。在学科分层教学、选修课走班等情况下，教师队伍将出现结构性短缺，对教师运用信息化手段、开展实践性教学、组织社团活动等提出了新的要求。南山区实施"先锋计划""引领者计划""骨干教师培养计划""精英人才校园共享计划"等，建立 7 个市级和 23 个区级教师发展基地学校，推动建立教师发展梯级培养模式，为教师专业发展量身定制，培养具有南山基因的创新型未来教师。先后评选出 30 名精英教师，每人每年奖励 3 万元，并给予学术假，加盟区内新办学校和片区发展滞后学校，有效地推动了教育均衡优质创新发展。在公办学校引入外籍副校长，实施"伟大原著计划"，引进国际教师专业技能标准，培养和改变了一批教师的教学风格，实现了教师教学方式、课堂教学策略、教学技能的突破性提升。

新高考改革在制度设计上，为学生全面学习与个性发展指明了方向，尊重学生的选择，丰富学生学习经历，有助于促进学校多样化特色化发展，使高中教育回归到学生发展的本位上来。

三、课程改革和新高考改革背景下的创新人才培养

创新是南山的根，是南山的魂。南山教育根植南山沃土，从发轫起初，就流淌着创新的血液。南山教育人一直没有停止思考"创新人才的培养"，因为我们想回答好"钱学森之问"。

早在 2009 年，响应尖端创新人才成长与培养的时代性教育主题，南山区育才教育集团就与中科院深圳先进技术研究院联手推出"少年科学家培养计划"，其中的校外脑库计划便是聚焦社会各界精英人才，以"大教育、共携手"一起走入育才校园。这个校外脑库计划，一方面将社会各领域精英引入校园举办系列讲座，另一方面为有科学研究兴趣特长的学生牵线搭桥，聘请高校院士等导师专家为学生做项目课题指导。此举旨在让学生在青少年时期就直接与大师面对面，与尖端科学领域接触，培养他们对科学的兴趣，在他们心中埋下科学的种子，为培养未来科学家奠基。

在具体的课程方面，各类创客社团的蓬勃兴起就是助推青少年创新教育的一个明证。2000 年，蛇口学校就成立了机器人兴趣小组，十多年的发展中，机器人活动从当初的面向少数学生的兴趣小组，由点到面，发展为面向全校学生的机器人校本课程。月亮湾小学开设了近 40 个学生社团，大部分社团项目以培养学生创新能力为目的，比如机器人、科学探索、创新线描画、气象站等。这些为学生的创新兴趣培养提供了很好的帮助。

近年来，南山在创新教育方面最为浓墨重彩的一笔就是全市率先成立南山少年创新院，连续 4 年走进高交会，近几年获评中国少年科学院"小院士"人数几乎占全市一半，部分"小院士"的作品已经投放市场。要问背后原因到底是什么，我想主要有以下几点。

一是理念先行，未来创新人才培养从基础教育做起。在《南山区教育质量攻坚五年行动计划（2013—2018 年）》等文件中，就创新教育的实

施办法、推进制度、评价机制、经费保障等做了具体部署，确保创新教育落地实施。

二是资源整合，多渠道丰富创新教育内涵。智库专家进课堂，孵化学生创新萌芽。如中科先进院实验学校依托人才优势，为每个班级配备一名博士老师，开设博士课堂实现课程创新，全面实施科普课程，同时设置相关科学实验室，让科学教育真正融入中小学课堂。与高新技术企业、科普基地深度合作，建设学生实践基地。截至目前，已经与大疆科技、柴火创客空间、深圳大学等 15 家企业、高校深度合作，开展机器人搭建与编程、生命科学基因遗传、3D 打印、水土保持科技等实践活动，为学生提供良好的校外创新环境。

三是搭建平台，实现学生创新学习与实践的全覆盖。与区团委、中科先进院合作共建南山少年创新院，目前已挂牌 34 所分院学校。通过网络评选、现场评选、专家评选相结合的方式，评选出 41 位小院士。持续开展创客节、少年创客答辩会、科技节等活动，鼓励学生在更广阔的舞台上展示自己。

四是多元评价，不断拓宽学生个性化成长通道。制定《南山区小学科探究实践及个性化素质表现评价指引》，促进学校、教师全面关注和培养学生的科学素养。

当然，创新人才的培养还需要我们始终将人才的培养、青少年的健康成长置于社会主义核心价值观的正确引导之下。青年的价值取向决定了未来整个社会的价值取向，而青年时期又是价值观形成和确立的时期，抓好这一时期的价值观养成十分重要。我们在深圳全市率先发布《南山青少年成长宣言》，让培育和践行社会主义核心价值观进教材、进课堂、进头脑。全面实施《南山区中小幼德育行动计划》，认真扣好中小学生人生第一粒扣子。挂牌成立了 12 个青少年综合实践基地，常态开展体育节、艺术节、英语节、科技节、心理节、创客节。有这样几组数据：广东省评选"最美南粤少年"以来，73 名南山学子获评，占了深圳获评总数的四成。2018年高考成绩稳居全市各区之首，重点率（优先投档线）高达 44.68%。

　　我还记得 2017 年 4 月 11 日在四川成都举办的全国中学社会主义核心价值观教育研讨会，我受邀在会上发表了《"纽扣效应"与青少年价值取向教育——来自南山的思考与实践》的主题演讲。我从习总书记"扣好人生第一粒扣子"的论述谈起，参照哈维格斯特"发展任务学说"、科尔伯格"道德发展阶段理论"阐述了青少年价值取向教育的理论基础，分析了当前社会对中学生进行价值观教育的重要性和迫切性，认为价值多元时代，不是灌输给孩子某种价值观，而是要教给孩子学会选择。其核心举措是引导学生进行价值澄清和价值体验，为学生搭建"物质支撑（学习能力和职业能力）、自我精神支撑（坚定的信仰和完善的人格）和社会支撑（正确的价值体系和与他人的沟通与合作）"。那次大会上，关于具备社会主义核心价值观的创新人才培养，我分享了南山教育五点实施策略：一是变被动接受为主动学习，改"把真理交给孩子"为"带领孩子去寻找真理"；二是围绕现实生活和儿童需要，寻找教育主题；三是强调实践、体验、创造，在体验中形成共识；四是以变迁和动态的社会与世界为价值观教育的背景，进行价值澄清；五是重视互联网和各类媒体的作用，形成教育合力。以此达成了中学社会主义核心价值观教育的"成都共识"。

教师专业发展的"南山行动"

南山教育三十年发展进步，教师队伍建设由最初的"引进人才为主"的1.0版本，到课程改革时期的"引进人才加自主培养"2.0版本，再到近年，已经完全步入"自主培养为主"的3.0版本，这是时代的需要，也是南山教育发展的结果。注重教师的发展和培训，功在未来，我们要为南山教育培养一批富有理想和使命感的教师，他们师德高尚、关爱学生、业务精湛、与时俱进，能够为教育的"南山质量"贡献自己的热情和力量，形成和壮大为南山教育可持续发展的生力军。

——2018年9月7日教师节前夕接受
《南方都市报》采访

百年大计，教育为本。教育大计，教师为先。2014年教师节前夕，习近平总书记与北京师范大学师生座谈，寄语勉励全国广大教师：做好老师，要有理想信念；做好老师，要有道德情操；做好老师，要有扎实学识；做好老师，要有仁爱之心。这是习近平总书记对国家教育事业发展优先关心重视老师的最凝练、最集中、最概括的表述。争做"四有教师"，甘守三尺讲台，对教育事业静心、有恒、专业、创新，也是我们每一位南山教师及其他教育工作者包括教育行政人员都应该奉行的准则。

南山教育人，自改革开放发轫，就对"尊师重教"用心践行，历任教育局局长、各个科室以及校（园）长都对好老师表现出极大的渴求和尊重，留下了许多佳话和有趣的故事。当年南山教育局成立之初，教育基础很弱，片区差距很大，企业办学与政府公办学校条件相差甚远，有一些被招来的大学毕业生到南山都哭了，但是我们那时候的局长、校长都非常爱惜人才，像亲人一样关怀对待，想尽办法，尽可能留住他们。这批人成了奠定南山教育后来发展基础的"酵母"和奠基人，值得我们每位南山教育人致敬。后来，对优秀老师的"求贤若渴"就如同一种家风一届传一届，全国各地才俊聚集南山，奉献青春、智慧与爱心，铸就了今日南山教育的辉煌。

2013年，我接任教育局局长后，首先考虑三大问题。一是"三大转变"。倡导一种价值观念引导系统文化新风，使我们全体教育人在"高位点"上不至于迷茫、困顿，或者过于骄傲、迷失，更清楚地看清自己、认清形势、直面挑战和未来方向。二是聚焦教育的"南山质量"，提出五年攻坚行动计划。这是一项系统工程，涉及观念、管理、人才、文化交流、课程改革等方方面面，这也就是我和这一届班子的"施政纲要"。三是队伍的培养和发展。南山教育的优质均衡和高位运行，必须依赖两支队伍，一支有专业功底、管理经验，视野开阔、求实创新的校长队伍，另一支就是打好教育"南山质量"底子工程的教师队伍。要按照新时代习近平总书记的要求，培养一支符合"四有教师"标准，又具有特区情怀、国际视野和人文关怀的南山优质名师队伍，这是一项"储水池"工程，着眼当下，功在未来，这一点我和我的班子达成了很好的共识和统一的行动决策。

一、详解教师专业发展的3.0

有3.0，就有1.0，"教师专业发展的3.0"，这是南山建区后教师队伍建设的一个历史演进概念，更是我们对当下南山教育正在进行的教师专业工作的一个精准定位。

我在多个场合提到，南山区教师队伍建设大致经历了三个发展时期：

1990—2002 年"引进人才为主"的 1.0 版本，2003—2013 年"引进人才加自主培养"的 2.0 版本，2013 年以后我们进入到"自主培养为主"的 3.0 版本。这里面最核心的概念就是"自主培养"，体现的是自我造血生血，这也是教师培养最应该、最自然的一种状态。大家可以看到，从 1.0 到 3.0，每一个演进基本上都耗费 10 年，十年磨一剑，每一个阶段都刻上了时代印记，时代对教师素养需求的深情呼唤，我们及时地做出了响应和回答。下面这个案例，详细解读了我们南山这几年的教师发展路径，从中可以看到从 1990—2013 年及以后，南山教育人是如何一代传承一代的。

在深圳"漂"了多年，深圳南山实验教育集团南头小学张晶老师，第一次感觉自己的根扎进了南山教育这块沃土，是缘起于一次教师培训。

17 年前，在黑龙江大庆一所学校任教的张晶通过"绿色通道"，被引进到深圳南山区。她说："深圳是座移民城市，自己好像永远都是外来者。以前是守好讲台，足不出户，现在参加教育局的先锋计划的培训，对南山教育有了纵向深入的认识。说实话，我们看到了南山教育的历史之后才稍稍有点感觉，我们身处历史洪流中，更有了一份作为南山教育人的自觉。"

张晶的经历和体会折射出的是 20 世纪 90 年代南山教师队伍建设的一种模式。当时南山的教师人才主要是靠引进，就是"全国挖人才"。

这些教师都是各省市的骨干教师，在原来的学校就挑大梁，来到南山之后也是"来之即战，战之即胜"。我们将这种模式定义为南山教师队伍建设的 1.0 版本，但是这种教师队伍建设弊端之一，就是重使用，轻培训。

2000 年以后，南山区的教师队伍建设面临着一次大的"升级换代"。在这种情况下，原来单纯的人才引进一条线，变成了人才引进加上自主培养两条腿走路。

大面积的培训开展了起来，但是实际效果却不容乐观。南山区育才一小教导处主任杨凌会说："培训课程多如牛毛，但真正入脑入心的却少之又少。"2.0 版本当中的教师培训还是一种行政式的、计划性的规定动作。它没有考虑哪种培训最能解老师的渴，在某种程度上反而成了老师的一种负担。

2005 年开始的课改大潮对这种行政式的教师培训提出了挑战。课改之初，全区各校骨干教师都有危机感，都渴望有更多更好的学习机会。

教师需求呼唤培训进入 3.0 版本。3.0 版本的教师培训已经不是一种强制性的课程，而变成一种内生的需要。和以往的培训不同，3.0 版本的教师培训的目标是将讲师打造成学习领袖。通过教师培训改变课堂生态，变过去 30 个学生的教室为 31 个学习者的会议室。

2014 年，我们启动以行政为导向的后备干部培养"先锋计划"和学术导向的专家教师培养"引领者计划"。和以往的培训不同，"引领者计划"和"先锋计划"更像一个大杂烩，融学科培训、专业培训、国际化、信息化于一炉。这些后备干部和骨干教师，每个周末或参加国内外教育专家的辅导，或参加头脑风暴，或参加读书会，或自己动手操刀设计录制网络公开课程，原本枯燥的培训变得生动起来。

2014 年 4 月 23 日"先锋计划"高级研修班（第一期）启动仪式

二、队伍建设的四大举措

教师专业培养 3.0 版是南山教育队伍建设的重要部分。南山教育要打造成与"世界级创新型滨海中心城区"定位相匹配的教育，必须从人着眼、从队伍着手、从内涵上做文章。这几年，我们举措不断，内涵创新，成了推动南山教育质量攻坚的原动力。

举措一：率先在全省成立区级教师发展中心

教师是教育的第一资源。教师队伍素质的整体提升是教育的"南山质量"最核心的物质保障。2013 年 9 月新学期初，我们应教师专业发展所需，在机构微调和改革中打出漂亮一拳——成立全省第一个区级教师发展中心（Teacher Development Center，简称"TDC"）。它隶属于区教育局教科中心，教师发展中心创新培训模式，为教师量身定制职业生涯规划，在提供个性化的培训服务与技术平台的同时，关注教师核心素养的培育发展，培植教育情感，唤醒教师职业激情与使命感。教师发展中心在培训方式上也与以往教师培训、课程观摩教研不同，它自成体系，采用世界流行的"世界咖啡"方式，圆桌讨论、小组合作、深入优秀校园和企业科研单位观摩取经，最大化地"给教育者以未来课程和视野"。

我们的设想是，通过教师发展中心，为教师发展做好三项服务：提供优质课程；提供职业生涯规划；帮教师寻找职业发展幸福感。通过更新培训观念、创新培训模式、加强价值引领、推动教师思想内涵发展，充分遵循分类培训、需求导向和个性差异的原则，并将教师培训基地学校建设、培训精品课程打造和网络技术应用作为突破口，提高教师培训的有效性、实践性、主动性。

无论从教育发展的自身规律来看，还是从教育的"南山质量"的现实出发，促进教师综合能力发展都是激活教育的原动力。我认为，教师发展和学生发展应是等价的，其中包含教师的价值观念、精神状态、教育理想、业务水平、师德师风等各个方面的全面发展。成立教师发展中心正是着眼于新时代下教师所应具备的核心素养的培育与发展。通过重建信念和价值引领，唤醒教师对其职业的虔诚敬畏之心，使教师获得主动成长的意愿，怀揣教育理想和使命。

举措二：行政导向的"先锋计划"

教育家陶行知说过："有什么样的校长，就有什么样的学校。"一个好校长必然是一个有思想、有智慧的校长。校长的思想和智慧体现在他对学校领导和管理的主动意识上，实现南山教育的质量提升，关键是要抓好一批校（园）长队伍。

近几年，南山教育体量不断扩大，新建校（园）逐年开办，原来的一批南山教育功臣有的也马上进入退休年龄。如何建好干部蓄水池，实现校（园）长后备的梯级成长？这作为一个现实问题摆在了我们面前，为此我们推出了"先锋计划"。我们取名"先锋计划"，是希望这批后备干部经历系统培训，具备先进的教育管理经验、先进的课程改革意识、先进的文化觉察力、先进的创新改革意识和行动担当，能够成为新时代下攻坚教育"南山质量"可信赖、可依靠的中坚力量。

带着这种寄望，我们于 2014 年启动了首轮"先锋计划"，各校（园）积极响应，精挑精选，主动向局党委推荐人才，这批干部我们分为"副校长级"和"中层干部级"，意在培养一批校长和副校长的接任者。按照我们的计划设计，"先锋计划"为期 2 年，将采取政策解读、专题报告、案例分析、实践观摩、跟岗实训、现场研习、分组研讨、经验分享、反思提升等培训方法，全面提高这批后备人才学员的政治素养、理论素养和专业素养，进一步优化其教育理念和思维方法，提高其行政管理和课题研究水平，完善其知识结构和教育科研能力，建设一支全心全意为办"人民满意的教育"服务、德才兼备、改革创新、勇担重任的干部队伍。

截至目前，首轮"先锋计划"学员基本上均已陆续走上校（园）长岗位，并展现出所学所用的精彩。2018 年 8 月 30 日，南山区教育系统第二轮"先锋计划"启动，我在这次启动会上，认真回顾和总结了首轮"先锋计划"的经验和成效，表达了对区委、区政府关心重视支持教育工作的感谢。我说，这是南山区教师发展 3.0 版的一个重要组成部分，是南山教师发展多元化的平台之一，是第一轮"先锋计划"的升级版。希望各位学员以实际行动珍惜这次量体裁衣个性化的学习机会，不忘初心，保持教师本真。

在面向校（园）长队伍的培养上，我们也有一些具体的举措：

——办好校（园）长学习会。校（园）长要成为优秀的学校管理者，必须首先是一位具有行动力和自觉自省意识的学习者。我们教育局历来重视校（园）长的内部学习，以论坛、专题分享、沙龙等形式办好每学期的学习会。在上任初的第一次学习会上，我向全体校（园）长提出了这样一个问题：为什么要举行"校长学习会"？

举办校长论坛或校长沙龙是南山教育的传统。现今，我们身处知识经济时代，每一个人都要学习，这种学习已经不再是过去那种单纯的学生才享有的"学习"，这是一种终身态、生活态的学习。我们常说"刀不磨要生锈，人不学要落后"，只有积极充电，不断地用大数据、海量信息构建起自我知识体系，我们才能不落后于这个时代，才能把工作和生活处理得更好。我在考虑：论坛或者沙龙怎么做下去？怎么让学习的形式更多样？什么样的学习更贴近大家需求，更能调动大家主动学习的愿望？

我认为，主动性的学习才会真实有效，所以每次学习不能有太浓的行政色彩，不要硬逼着每位校（园）长参加学习。我们定位为"学习会"，就是希望每位校（园）长主动参与，发自内心地想学习、愿意学习。每一届的学习会，按照"紧扣一个主题、深度特色展示"的思路办下去，认认真真地做，确立好常态运行机制。

我告诉我们的校（园）长：做教育，需要静心守恒，职业认同需要我们积极主动地学习，需要我们守住自己的精神家园、修炼自己，需要我们主动地利用一些机会和场合与本系统的同仁进行交流、分享，展示自己的特色和独到之处，让智者见智。

——办好每年暑期校（园）长培训学习会。每年暑假后开学前，我们都要把全体校（园）长集中起来，进行封闭的为期 2—3 天的学习。这也是我们的一项传统，旨在收心、聚心、共识，对新学年的工作进行新规划、新部署。

在每一次学习会上，我们会精选主题，并邀请国外内有影响力和代表性的专家做专题或拓展的讲座，内容从我们专业的管理、教育、教学等，延伸到国际形势、大国资源，也会关注到健康心理、保健养生等。在每次学习会上，还会精挑6位左右的校（园）长做不同主题的特色办学发言，进行内部分享交流。同时，每一期也会邀请公检法等系统的领导专家来上廉政教育课，给校（园）长们箍紧发条、绷紧神经，不要去触碰底线，不要给南山教育抹黑。对于这样的课，形式多样，校（园）长们也乐于学习，感受来自局党委对他们的关心。

近年来，我们在寒暑假的校（园）长学习会上，进一步引入了素养测评、大数据分析等相关的报告，以期引起校（园）长以未来教育的眼光思考教育。也会从一些事件或现象的剖析中提醒校（园）长做好师德师风和校园安全建设。

举措三：学术导向的"引领者计划"

教师优，则学优。教育"南山质量"要强内涵、树品牌，最终还得依靠一支名师队伍，一支有学术涵养的专业良师队伍。为此我们推行了学术导向的"引领者计划"，我期待这批名师、骨干最终能达到"引领学生、引领同行"的目标。

为此，我们依托教师发展中心，分门别类地制定了针对性极强的培训路径图和时间表，制定了《南山区教育系统教师梯队培养实施方案》，先后推出先锋计划、引领者计划、纽扣计划、精英教师计划、区市省级名师工作室计划、榜样教师计划、年度教师评选，以及信息技术导师和信息技术学科名师计划等一系列梯级计划，促使全区7000余名教师都可从中寻找自己的专业发展路径，并结合自身特质选择发展方向，迅速成长为教学高手、德育能手、科研高手。这为提升教育的"南山质量"提供了专业人才储备。

TDC在教师培训的内容、形式和方法方面不断创新突破，尝试对教师

骨干教师培训

进行量体裁衣式的培训，实现个性化、类别化、专题化的培训指导，并采取更丰富多元的手段与途径，引入在线学习、自主学习、分享质疑、教师工作坊（Work Shop）等。比如2014—2015学年上学期开展了"伟大原著"的分享质疑教学法，提高了英语教师培训的有效性。近期启动的"ELTeach"项目将通过引进美国优质在线课程，探索教师培训与信息化相结合，将虚拟学习和现场实景学习相结合，并在过程中增强评价，通过有效的激励机制推广网络培训。

——精英教师。为加快推动南山区教育均衡和优质分享，我区2015年开始实行"精英人才校园共享计划"，至今已三届。"精英人才校园共享计划"共评出涵盖各学科的"精英教师"50名，他们从南部优质学校加盟新办学校和北部片区学校，在促进南山教育优质均衡发展过程中起到了重要而积极的作用。我们鼓励所有精英教师继续发挥桥梁和引领作用，为实现南山教育的南北联动和均衡发展，为让老百姓家门口的学校都成为优质学校，而做出努力和贡献。

——区级名师工作室。南山不乏名师，有从外引入的特级教师，也有本土成长起来的专家骨干，为此我们积极推动设立区级名师工作室，培养名师，让名师成为南山教育的代言人。该项目源于 2017 年教师节，南山区政府送给教育系统大礼包，给予名师工作室每年 3 万元的研究经费，三年累计投入经费超过 1300 万元。2018 年 3 月，南山成立 146 个区级名师工作室，涵盖学前教育、小学初中义务教育、高中基础教育；超过 3000人加入南山教科研共同体。"名师工作室计划"创新工作机制，形成教科研共同体，通过高端培训和实施重大项目进行示范、辐射和引领，致力于通过信息化与教育教学的融合，连接教材和世界，连接课堂和未来，为中国而教，为未来而教。

名师工作室授牌仪式

——榜样教师。榜样的力量是无穷的，教育也需要榜样，需要榜样的教育和引领。2018 年，南山区在全市首推"榜样教师计划"，面向全区公民办中小学和幼儿园约 1.4 万名教师评选南山区首届"榜样教师"。他们师德高尚，具有非凡的爱心和智慧，始终把立德树人当成自己的根本任务。南山区首届"榜样教师"一共 10 位，他们大部分教龄超过 25 年，有接近一半的教师教龄超过 30 年。"榜样教师计划"整个评选过程充分让学生、家长和社会各界广泛参与，运用信息技术手段获取评价，希望借助榜样教师的力量引领教师和学生，为南山教育树立师德和技能的高标！

作为我的行思，我愿意记下首届"榜样教师"的名字，他们是：华侨城中学李文龙、育才中学余长北、南头中学卢开雄、博伦职业技术学校肖永合、园丁学校李雅玫、北京师范大学南山附属中学张军、前海港湾学校黄瑛、桃源小学秦玉香、南山外国语学校（集团）文华学校邓展望、蓓蕾幼儿园但卫民。

我希望，这份名单每年见长，希望这批榜样成为南山教育的最真代言。

——年度教师。评选"年度教师"是深圳市教育系统受美国年度教师评比活动启发而进行的一项高规格表彰活动。2018 年，深圳基础教育系统开展"年度教师"评选，南山区博伦职业技术学校教师肖永合获深圳市"年度教师"称号。肖永合是四届"年度教师"评选以来首次出现的职校教师。这也是南山第三次获得深圳市"年度教师"，前两次当选深圳市年度教师的分别是深中南山创新学校教师孙立春和前海港湾学校教师杨征。

三年"年度教师"评比，南山教师均榜上有名，这也说明了我们这几年教师专业发展培训在传承创新上所取得的成效。这块"金字招牌"不仅促进了南山优秀教师高速进步，也为南山教育争了光，在社会上产生了积极的影响。

——信息技术导师和信息技术学科名师。南山教育的信息化一直走在全国的前列，近年来在信息技术的学科融合上，以南方科技大学教育集团（南山）第二实验学校（原"南方科技大学教育集团（南山）第二实验小学"，简称"南科大二小"）等为龙头的一批创新校，显示了未来信息技术在教育中运用的方向。《中国教育报》曾这样报道我们的教育信息化：

虽然学校早已建起了电子白板，但是曾经的管佩磊老师还是一支粉笔走天下，"原来我对信息技术是很反感的，我总觉得最原生态的好一点，如果有人来听课，我就会找个 PPT 或多媒体来做做样子。"

管佩磊的情况并非个案，这正是信息中心主任余耀贤担心的事情。早在2012年，南山就实现了"三通两平台"（即宽带网络校校通、教学资源班班通、网络学习空间人人通，数字教育资源公共服务平台、教育管理信息系统平台），2015年又实现了教育城域网和无线网的全覆盖。有了网络、有了平台、有了资源，但很多老师应用不起来，推动起来很慢。

余耀贤说："我们买了很多电子白板，电子白板是交互的，但很多老师不会用，还是当简单的屏幕在用PPT。我们就反思问题出在哪里，是老师的信息技术素养不够、对新技术缺乏热情？还是他们平时更多地钻研学科知识了，对多媒体技术兴趣寥寥。"

而以往的信息技术培训是点对点的，信息中心对接学校信息技术老师。这样一来，不仅受训面太窄，而且通过信息技术老师对普通学科老师进行培训，效果也是层层递减。

余耀贤说："以前对普通学科老师的信息技术培训与专业培训是两张皮，这样会让老师对信息技术产生疏离感。'引领者计划'将两者合一。"

"引领者计划"导师唐晓勇说，现在我们要做的是让我们每一个学科团队形成一门网络公开课。比如数学老师小组的10个人，就要形成一门课程，从开发课程纲要，到录制微课程、剪辑视频都由这10个人来分工协作，既让骨干教师成为课程的开发者，又让其掌握了多媒体运用的核心技术。

在唐晓勇看来，这样的培训既是一次输入，也是一次产出。他说："这样做的意义，一方面在于很多骨干教师自己操刀开发网络课程，将信息技术与课程本身进行融合，这对教师来说是一个蜕变的过程。另一方面，他们的作品就是一门成形的课程，可以放置到南山区教育网络课程平台上，这又为我们南山的教师培训增添了资源。"

这种培训的变革延伸到教学末端，让教师成了真正的受益者。以前管佩磊老师的晚自习答疑课，学生总是排着队问问题，有时候一个考点要讲上十几遍。在培训的过程中，他将学生易错难懂的考点难点和一些复习技巧、复习策略做成微课，放在教室的电脑里，哪个学生不会了，随时可以看。学生还可以下到手机里，时时刻刻都带在身边。

举措四："伟大原著"教学法培训千人计划

"伟大原著"教学法发起的初衷是让学生回归阅读，尤其是对经典原著的阅读。受邀开展这项培训的专家伊丽莎白（Elisabeth）博士和苏珊（Susan）女士是我的老朋友，是她们将"伟大原著"（Great Books）带入我的职业思考中来。

"伟大原著"学习计划由美国哥伦比亚大学教授厄斯金和芝加哥大学校长赫钦斯在1947年发起。该学习计划让学生接触西方原著精选，教学核心是分享质疑法，旨在帮助人们通过阅读、讨论，学会思考，学会分享，共同成长。

"伟大原著"教学法的核心是分享质疑法，在第一遍阅读之后学生提出若干问题，相互帮助，共同解答。在第二遍阅读后，即学生对原著有一定的理解之后，教师会抛出开放性的问题，全班一起讨论。在这个讨论的过程中，教师只是问题的提出者，而不是问题的回答者。可见"伟大原著"教学法对教师的综合能力提出了很高的要求，可以培养学生深入阅读和批判性思考的能力，让不同思维水平的学生均有发展的机会。培训之后，分享质疑法令教师们迫不及待地想在自己的课堂上尝试。

目前，我们的"伟大原著教学法培训千人计划"已开展25期初级班、3期中级班，一共28期，900余人参与培训。其他学科的一些教师也慕名而至，参加培训后将这种教学法的思想精髓运用于自己的学科，起到了很好的效果。这也为南山的英语教学开垦了一块很好的"课改试验田"。

在《苏格拉底计划》中，有这样的描述："二十一世纪是一个强调学习的世纪，二十一世纪的教师将面临一次洗礼式的培训，而且培训者首先要接受培训。"因此，培训时应该没有教育者和受教育者，二十一世纪人人都是学习者，我们在一起组成了一个学习共同体，我们是成员，成员之间应该是相互学习的，是一起进步的。我们南山教育专业发展3.0版本下的教师队伍就是这样的一个学习共同体，我寄望这个共同体爱学乐学善用，成为新时代南山教育迈出铿锵步伐的生力军。

2019 年上半年"伟大原著"教学法教师培训

技术·治理

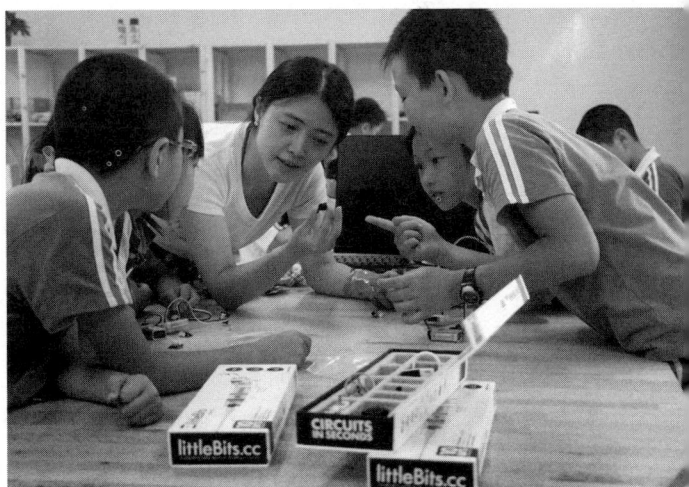

技术提升教育智慧

> 未来的南山教育是移动互联的跨界教育，是互通互联的分享教育，是环保、绿色、共享、开放、创新的教育。这里将成为一个学习化城区，这里的每一个人都是学习者，希望未来的南山教育将继续引领中国基础教育的改革发展，为孩子的幸福奠基。
>
> ——2017 年 6 月 25 日接受《深圳新闻网》记者采访

进入知识经济时代，全球化、网络化、智能化成为社会变革发展趋势。从关注教育手段和环境的改变，到关注教育的系统变革，重构教育模式以实现教育的创新和可持续发展，技术提升教育智慧正逐步成为未来教育的常态。

南山区提出"让每一所学校都优质，让每一位教师都精彩，让每一个孩子都幸福"的教育理想和追求，以国际化和信息化为两大抓手，打造教育的"南山质量"。在对未来学校教育、学习和技术发展变革趋势的预测与判断基础上，探索新技术变革学校教育的机制和策略，并创造性地将未来教育的思考应用到教育实践中。

一、什么是教育智慧

教育是科学，是艺术，也是技术。教育存在于一定的社会文化背景中，需要天赋，需要创造性的反复实践，需要尊重基本规律。教育智慧是教育科学、艺术、技术高度融合的一种境界，是尊重教育规律的具体表现，是优质教育的一种品质，是教育的一种自由、和谐、开放和创造的状态。

教育智慧主要通过以下形式体现：

教育环境的智慧：表现为支撑师生开展教育教学活动和进行教育管理的信息化基础设施、平台系统等软硬件环境的智能化程度。

教育过程的智慧：表现为教育教学实践中的校园文化氛围、教育管理机制策略、课程资源建设、教学与学习方式、师生关系和教育教学质量评价等个体、社会关系（包括与计算机的互动）的交互系统的完善程度。

教师的智慧：表现为教师在具体的教育情境和实践活动中，对教育教学的规律性把握、创造性驾驭和深刻洞悉，以及灵活机智应对等综合素养和专业水平。

二、技术如何提升教育智慧

（一）通过新技术的引入和重新设计学习环境，助推面向未来的学校教育变革

近年来，云计算、大数据、物联网与移动互联网等新技术迅猛发展，进入教育领域后启发了教育工作者对学习环境智能化的深度思考。

云计算技术实现了教育资源大规模开放共享。教育资源云平台和教育管理云平台等提供随时、随地、随需的教育云服务。学生在学校可用数字化学习终端在智能教学平台上与老师、同学互动学习，在家里可在智能教学平台上完成作业、复习与预习；教师可在网上研究学习并获取资源，在

云端教学平台上放入教学素材、布置作业、批改作业、汇总学生学习情况，辅导学生学习和进行家校沟通；教育管理者可以凭一个账号进入多个管理系统，进行便捷的管理，获得基于有效数据的决策支持服务；社会公众可在网上参与网络教育，每人均有自己的学习空间，记录自己的学习成长经历，实现终身学习。

教育数据挖掘和学习分析提升了教与学的效率和质量。教育大数据分析系统以学生为中心，构建自主学习和社会交互模型，按照学习环节组织学习内容与学习过程，将学习活动的相关群体有机整合到学习管理系统中，实现个性化的课堂教学、家庭辅导和自主学习管理环境，因材施教和个性化学习成为现实。学生可以随时随地轻松开展学习，也可以通过数字化平台得到个性化和智能化学习的引导；教师可以随时分享优质教学资源，实时了解学生学习进度并获取学情分析报告，快速准确掌握教学效果，及时调整教学策略；家长能够一目了然掌握孩子的学习进展并了解学习情况；学校等管理机构可以便捷开展教学管理，清晰地管理学生学习档案和教师教学进度，辅助教育决策和预测发展趋势。

物联网将多种功能设备通过信息传感设备与互联网连接起来，从而实现智能化识别和管理。RFID[①] 标签和校园智能卡系统的结合是物联网在教育领域的典型应用。分布在多个物理场景中进行实验过程监控的物联网系统，可以自动统计实验结果和学生学习情况，教师可在此基础上建立全面和主动的教学管理体系。与物联网关联的增强现实、3D 打印技术正逐步进入学校教育应用。基于 3D 打印的教与学，帮助教师进行个性化教学模型制作，创新学生课程学习设计，推动 STEM（科学、技术、工程、数学）教育等的发展。

---

① RFID 是 Radio Frequency Identification 的缩写，意即射频识别。其原理为阅读器与标签之间进行非接触式的数据通信，达到识别目标的目的。RFID 的应用非常广泛，目前典型应用有动物晶片、汽车晶片防盗器、门禁管制、停车场管制、生产线自动化、物料管理。

（二）通过教育教学模式的变革和促进深度学习，培养未来社会所需的关键能力

"技术促进学习研究"已成为包括教育学、心理学、信息科学等在内的学习科学研究的主题。面对技术给未来学校教育带来的变革，我们需要思考：如何确定 21 世纪所需的知识和技能？如何建立新的学习目标？如何确定清晰可靠的评估方法以评估学生关键能力的掌握程度？如何进行学习过程监控，对学习效果进行评估，提供个性化的指导，提高教育质量？

新技术有利于重构课程体系，促进教育教学模式的变革。和以往的传统教学模式相比，技术支持下的教学模式更具有开放和创新的特征，学习者可以最大限度地利用教育资源，在提升信息素养和应用能力的同时，发展高级思维能力。技术发展催生了信息时代的新型学习方式，如基于项目的学习、基于问题的学习、基于探究的学习、远程协作学习、翻转学习等。在技术环境的学习交互模式中，学习者在每次知识建构、剖析、探究和问题解决中反思、总结和提炼有价值的内容，并在互联网与其他学习者分享，从而在互动中激发学习者的深层思考。海量数据与多视角处理特征，能够进一步激发学生主动进行知识融合的愿望，发挥整合和协调多学科的能力。技术支持的学习环境，为学习者的常规学习、课后学习和其他学习形式提供支撑，拓展了学习空间，有利于学生自主学习和协同互助，满足学习多元需求。

新技术提供了相对真实的情境，有利于促进深度学习。学习者在新的知识技能学习过程中，在学习共同体中共同学习与互动，并在新的情境中迁移运用所学知识，从而获得某一特定领域的知识和能力的专长，逐步建立解决问题的兴趣和习惯。学生获得的问题解决、沟通协作和社会适应等关键能力为未来学习生活奠定了坚实基础。

（三）通过教师信息技术应用能力提升，推动教育创新和可持续发展

叶澜教授提出，教师的教育智慧集中表现在教育教学实践中，它具有敏锐感受、准确判断生成和变动过程中可能出现的新情势和新问题的能力，具有把握教育时机、转化教育矛盾和冲突的机智，具有根据对象实际和面临的情境及时做出决策和选择、调节教育行为的魄力。教育智慧是教育认识、教育情感和教育实践的统一，是教育科学、艺术和技术的统一，具有知识性、实践性、创造性和独特性等特点。要提升教师的教育智慧，需要加强教师信息技术应用能力培养规划，提升中小学校长的信息化领导力，提升中小学教师信息技术应用能力，转变教育教学理念和方式方法，推动信息时代的教与学变革，推动教育创新和可持续发展。

教师队伍建设是教育信息化可持续发展的基本保障，信息技术应用能力是信息化社会教师必备的专业能力。2013 年，教育部启动实施全国中小学教师信息技术应用能力提升工程，提升教师信息技术应用能力、学科教学能力和专业自主发展能力；开展信息技术应用能力测评，以评促学，激发教师持续学习动力；建立教师主动应用机制，推动每个教师在课堂教学和日常工作中有效应用信息技术，促进信息技术与教育教学融合取得新突破。教育部办公厅随后制定实施《中小学教师信息技术应用能力标准（试行）》，根据教师教育教学工作与专业发展主线，将信息技术应用能力区分为技术素养、计划与准备、组织与管理、评估与诊断、学习与发展五个维度，从而发展教师应用信息技术优化课堂教学、转变学习方式的能力。相应的课程标准，设置"应用信息技术优化课堂教学""应用信息技术转变学习方式"和"应用信息技术支持教师专业发展"3 个系列的课程共 27 个主题，帮助教师提升信息技术素养，应用信息技术提高学科教学能力，促进专业发展。

三、南山区的创新行动

深圳市南山区的每个校园都在开展着"面向未来"的教育变革和创新行动，新的教育技术正被广泛运用，新的教学方式正深入课堂，新的教育实验聚焦课程创新。技术正提升教育智慧，推动学校教育变革，引领面向未来的教育创新。

（一）建设"泛在学习"环境

南山区是教育部第一批教育信息化试点单位、广东省以信息化促进义务教育均衡发展实验区。目前，南山区高标准实现了全区公民办学校和幼儿园有线无线双网全覆盖，正优化升级"三通两平台"。

南山教育云平台实现了教育管理和教育资源等综合服务一体化。以南山教育城域网为例：建有"网上办事大厅"，提供及时在线的问答咨询、资料下载、审批办理等工作端口；每位南山教师都可以通过平台开展虚拟教研，进行学生综合素质评价、继续教育选课及学习、网络课程申请、教学随堂满意度测评和诊断反馈等；资源平台提供微课等优质课例共享，支持网络课堂直播、在线远程协同学习等；提供基于大数据的反馈报告，为学生学习、教师教学和教育管理者进行教育决策等提供支撑。

（二）推动教育教学模式深度变革

推动 MOOC 体系开发。我们聚焦未来教育对 MOOC 的推动，依托在线学习平台，构建起"学生精品课程、教师生涯提升、家长幸福力培养"三级 MOOC 课程体系。

推动教学模式变革。向南小学等学校参与开展"基于网络的基础教育跨越式创新试验"项目，形成了网络环境下"超市化四环节"课堂教学模式，从核心学科延伸至音乐、美术、信息技术等学科，开发系列校本课程和组建社团；南山实验教育集团开展"八岁能读会写"学科教学实验，加入 C20 慕课联盟开展"翻转课堂"教学实验；后海小学等学校将 iPad 引入课堂教学，开展创客式教学与游戏化学习探索，促发了音乐教学、美术绘画、科学探究等课程教与学行为的重大改变；同乐学校等校园利用课堂诊断仪、课堂互动仪等辅助仪器，课上同步投票、讨论、小测验，生成了"游戏化"导学模式。全区有 150 多个自带终端（BYOD）班级开展"泛在学习"实验研究。

推动未来课程建设。一是基于项目的学习模式，南油小学以"基于项目学习的课程统筹"为引领，与国内外项目试验联盟校共同开展以"桥"

利用 iPad 上课

为主题的研究活动；二是 STEM 课程，南方科技大学实验学校等一批实验校以国际化的 STEM 课程理念统整学校国际化课程，用技术变革学生学和教师教的模式，提升学生面向未来的关键能力；三是"校园 NO. 1"网络竞技，真正践行了"人人可以参与、人人都可以创造吉尼斯"的理念。

信息化推动教育国际化。南山区以培养具有全球视野的人才为目标，充分利用网络无边界的优势，引进国际项目，推动校际国际远程合作。全区 20 多所学校参与 ISC① 国际学校联盟、联合国儿童基金会远程协作学

_____

① ISC 即 International School Connection 的缩写。

教师指导学生使用平板电脑

习、教育部-微软（中国）"携手助学"项目、甲骨文教育基金会 Think
Quest 和 "视像中国" 等国际项目。与英国、加拿大、瑞典等多个国家和
地区的学校开展合作交流，与我国香港、台湾等地区共同开展 "学生潜能
预测" 等信息技术前沿应用研究，借鉴美国、新加坡等国家的经验，开展
"未来学校" "未来教室" 等研究与实践。

（三）开发教师培训 MOOC 平台

在原有网络平台的基础上，南山区启动教师培训 MOOC 平台开发，提
升教师信息技术应用水平。共建共享教师培训网络资源，开发一系列南山

师资培训网络精品课程，包括特色培训课程、师德培训课程、学科整合课程、专题探究课程、校本研修课程、综合实践课程、人文社科课程、通识技术课程等，实现教师移动学习。

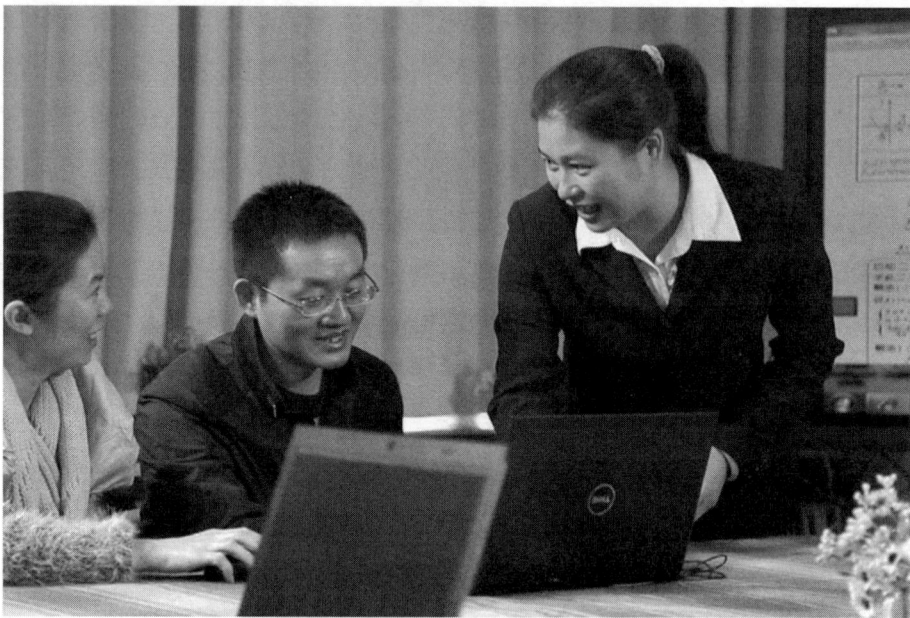

教师研讨

科学规划教师队伍梯队建设，开展行政导向的"先锋计划"、学术导向的"引领者计划"，培养了一批南山区教育技术名师和学科技术导师。在教师培训中引进使用"伟大原著课程""思维导图""世界咖啡"三大模型，激发教师集体创新智慧。

学习科学研究带来的多学科融合思考，为我们推进未来教育实践提供了新的视角。技术提升教育智慧，需要关注学习环境的重构、教育模式的变革等，也需要关注教育体制机制的影响和制约。技术变革是一把双刃剑，要增强理性思维，关注"人"的发展，避免过度的工具思维等负面影响。

用信息技术推动未来学校变革

> 未来教室是浓缩的未来学校的雏形。我所理解的未来教育、未来学校的改革，最终是教与学方式的改变。特别是移动互联时代，学生可能不再仅仅是老师教育的对象，他们已经成为自主的学习者。
>
> ——2016 年 11 月 17 日在"第三届未来学校大会"上的发言

学校是一门时代学。从庠序到私塾，从古代官学到现代公立学校，无一不是时代变迁的产物，可以说学校就是时代智慧的动力源。面对未来，我们有着无限的遐想与万千的假设，未来学校是教育领域的研究热点，它倡导重新设计学校，通过空间、课程与技术的融合，探索"互联网+"背景下的学校结构性变革。面向未来教育的需求，南山区明确提出了"让每一所学校都优质，让每一位教师都精彩，让每一个孩子都幸福"的教育理想目标，以教育质量攻坚为主要行动，以教育信息化和国际化为两翼，提出打造教育的"南山质量"。打造教育的"南山质量"，既是紧密结合南山实际做出的区域教育行动，更是基于未来教育的一种前瞻思考。

一、未来学校图景

伟大的管理学之父德鲁克先生说过这样一句名言："预测未来最好的

方式就是创造未来。"研究和探讨未来学校，最大的意义就是通过对未来学校变革的思考和预测，抓住未来教育的本质，将教育的美好图景创造性地变成现实。

未来教育（学校）的思考，其逻辑起点是未来社会。

（一）关于未来人的核心素养

这方面的研究成果很多。比如《21世纪技能：为我们所生存的时代而学习》作者伯尼·特里林提出21世纪需要三大方面的技能——学习与创新技能、数字化素养技能、职业和生活技能。美国哈佛大学教育学博士托尼·瓦格纳在《教育大未来》书中提出7个关键能力——批判思考与解决问题的能力、跨界合作与以身作则的领导力、灵活性与适应力、主动进取与开创精神、有效的口头与书面沟通能力、评估与分析信息的能力、好奇心与想象力。结合一项我曾做过的关于"面向未来的关键能力"的小调查，可以看出，未来人很多关键素养的达成、操作实践的过程，都离不开"信息"。因此，我们21世纪甚至更远的教育，必须教会学生获取信息、运用信息的能力，以帮助他们更好地去理解和解决真实生活中的各种挑战。

（二）关于未来教育形态的预测

我曾收集过几幅出自8—13岁儿童的画作，他们笔下的未来学校是这样的：校园五颜六色，像个城堡，外围有游弋的飞船，整个校园悬浮在空中，或者潜浮在海底，大鲨鱼就在透明的教室前游荡……我们不得不佩服孩子们的想象力。同样，一篇同样主题的学生作文，也是将校园的声、光、电描画得光怪陆离。从孩子的绘画和作文中，我们所看到的未来教育充满了童趣，教室作为物理空间已经消失了"边界"，师生可以在这个空间里无拘无束地讨论。高科技的信息环境，为孩子们学习知识、获取信息以及动手操作提供了几乎是"随处可取"的便利，教育的娱乐性将越来越受到学生的喜欢。

基于孩子的视角以及最新发布的《新媒体联盟地平线报告》等研究成果，未来学校可能呈现如下特点。

未来学校的形态。新技术广泛运用，学校仍将存在，但传统的"班级"空间模式不再单一化、模块化，"班级授课制"可能被更泛主题、随意性的"讨论"所取代；未来学校建筑将更智能、更生态；学校与社区关系日趋紧密，将使学校越来越多、规模越来越小，但更显精细。

　　未来学校的课程。2018年11月，中国教育科学研究院发布《中国未来学校2.0：概念框架》，指出，未来学校必须遵循教育规律和人才成长规律，用科技赋能教育，实现学习的精准供给。电子化、虚拟化、MOOC化、精品化应该是未来课程的主流形态。互联网将提供大量在线课程，知识呈现游戏化、娱乐化。机器人会参与到教学互动中来，某些方面还可能取代教师直接提供指导。

　　未来学校的学习。通过空间、课程与技术的融合，形成个性化的学习支持体系，为每一个学生提供私人定制的教育。未来的教室也将由传统的"30个学习者"变为教师加入的"31个学习者"的会议室，教师的角色将转变为学生学习的指导者，大量MOOC平台的"明星教师"将冲击或取代现代教师的地位。未来的学习，学生将更关注社交与个人能力发展。

AI 教室

学生在老师指导下使用电子积木

二、探索未来教育的更多可能

在南山，每个校园都在开展着"面向未来"的教育变革和创新行动，我们看到，新的教育技术正被广泛运用，新的教学方式正深入课堂，新的教育实验聚焦课程创新，创客教育正在学校兴起。以信息化推动教育变革，引领未来学校创新，我们的主要做法如下。

高标准建设"泛在学习"环境。按照教育部《教育信息化十年发展规划（2011—2020年）》的要求，南山区率先建成"三通两平台"，并不断优化升级"三通两平台"，已经实现有线、无线双网全校园覆盖。

探索构建大数据支撑的信息化管理。大数据管理是未来教育的必然趋势。以南山教育城域网为例：城域网建有"网上办事大厅"，提供及时在线的问答咨询、资料下载、审批办理等工作端口；每位南山教师都可以通过这个平台进行学生综合素质评价、继续教育选课及学习、网络课程申请、教学随堂满意度测评和诊断反馈等。华侨城小学开发的"包容性教师评价系统"，充分利用信息化平台帮助日常管理，进行大数据分析，受到全国 19 个省市 282 所中小学的关注、推广。

推进教学方式深度变革和未来课程建设。推动 MOOC 体系开发。我们聚焦未来教育对 MOOC 的推动，依托在线学习平台，构建起"学生精品课程、教师生涯提升、家长幸福力培养"三级 MOOC 课程体系。

推动教学模式变革。全区 20 多所学校参与开展"基于网络的基础教育跨越式创新试验"项目，成效显著。向南小学等以"课程超市"为特色，从核心学科延伸至音乐、美术、信息技术等学科，开发系列校本课程和组建社团；后海小学等一批学校，将 iPad 引入课堂教学，促发了音乐教学、美术绘画、科学探究等课程教与学行为的重大改变；同乐学校等校园利用课堂诊断仪、课堂互动仪等辅助仪器，课上同步投票、讨论、小测验，生成了"游戏化"的导学模式。教师培训引进使用"美国伟大原著培训""思维导图""世界咖啡"三大模型，最大限度激发教师集体创新智慧。

推动未来课程建设。一是基于项目的学习模式，南油小学以"基于项目学习的课程统筹"为引领，与国内外项目试验联盟校共同开展以"桥"为主题的研究活动。二是 STEM 课程，南方科技大学实验学校等一批实验校以国际化的 STEM 课程理念统整学校国际化课程，用技术变革学生学和教师教的模式，提升学生面向未来的关键能力。三是"校园 No. 1"网络竞技，真正实现了"人人可以参与、人人都可以创造吉尼斯"的理念。

建设优质资源公共服务平台助推教育均衡。目前我们已有的形式有：网络直播课堂，多开优质示范课，如南山区与新疆喀什地区通过网络视频在线课堂，两地师生共同上课；在线远程协同学习课程，以项目单元完成知识学习，如英特尔·未来教育；实施空中课堂，不同学校、不同班级同上一节课，这种模式在公办学校与民办学校同时展开探索，助推了优质教学资源的共享。

信息化推动教育国际化。南山区以培养具有全球视野的人才为目标，充分利用网络无边界的优势，引进国际项目，推动校际国际远程合作。全区 20 多所学校参与 ISC 国际学校联盟、联合国儿童基金会远程协作学习、微软携手助学项目、甲骨文教育基金会 ThinkQuest 和 "视像中国" 等国际项目。与英国、加拿大、瑞典等多个国家和地区的学校开展合作交流，与我国香港、台湾等地区共同开展 "学生潜能预测" 等信息技术前沿应用研究，借鉴美国、新加坡等国家的经验，开展 "未来学校" "未来教室" 等研究与实践。

当然，对南山 "未来学校" 的思考和行动不仅仅局限于信息化推动下的 "未来学习" 创新，我们也在更广泛的领域开展着一些特色探索。比如，建设国家级学生文学社团育才 "春韵" 网站、开设电影赏析课、成立校园电视台、制作与运用微课、开发南山教师培训系列 MOOC 等，以及现代学校制度下的学校理事会管理、以波多里奇卓越绩效管理体系为指引的优质学校行动等，这些都构成了南山 "未来教育" 行进路上的风景。

三、不可或缺的理性思考

正如乔布斯所说，信息技术改变了人们生活的各种功能，对教育的改变应该也是必然的。我们作为教育工作者还要理性思考一些教育本身的问题，特别是围绕学生成长规律的价值等问题。

不要脱离教育本质。在这个变革的时代，教育需要改变，也需要坚守。教育的本质并不会因信息技术的介入而发生改变，教育传承文化、创新知识和培养人才的本质不会变，立德树人的根本目的也不会变。互联网变革下的 "未来教育"，其呈现的丰富学习资源、以学生为主体的学习方式、崭新的师生关系具备相当优势，但教育的本质最终要落在 "人" 上。

不要过度迷信工具。信息化视野下的未来学校，可能会放大信息技术工具、媒介、网络的作用。有一项研究指出，我们必须发展全新的、高技术的互动形式以及对学生做个性化的学业、人格和心理方面的辅导。随着脑神经和认知科学的兴起，我们必须更多地关注学习者的兴趣、态度、情绪、价值观等。

不要忘记"儿童"。儿童永远是我们教育的主体，在走向"未来教育"过程中，儿童应始终被放在首要考虑的位置，他们的需求、心灵世界和感知，应该是判断"教育是否正常"的最重要标准。

不要只顾美好。有一本书叫《地球村落里的困惑：人类社会面临的50个重大难题》，表明我们现在所处的世界还有一些很糟糕的地方。未来的地球村落也可能是一场灾难，不会像我们想象的那么美好。

不要忘记公民道德。中国自古重视道德修炼和内在修养。高智商、高能力但是道德败坏的人，带来的破坏可能远大于一个才能平庸的人。未来教育"虚拟化学习"加重，我们更要关注人的内心和道德世界，培养好的道德品行。当下我们的教育应该加强社会主义核心价值观教育，培养有道德的未来接班人。

新常态下的学校治理

> 南山教育以深化集团内部治理为契机，辐射带动，以学校章程建设为主要抓手，推动建立现代学校制度，依法自主办学，民主管理，构建政府主导、社会多元参与、办学形式多样、充满生机活力的学校新体制，形成决策、执行和监督三者互相制约、互相促进的治理体系。
>
> ——2017 年 6 月 16 日接受《深圳新闻网》记者采访

中国经济进入换挡降速、提质增效的新常态，认识新常态、适应新常态、引领新常态成为当前和今后一个时期经济发展的主题。与新常态下的经济发展相似，"换挡期"的中国教育同样需要发展新思路、新举措。

一、新常态及其特征

"新常态"是国家基于对国内外宏观经济形势的科学分析与判断而提出的，表达了对经济增长速度放缓和质量效益提高的深切关注。

当前世界经济仍然处于经济发展周期的萧条阶段，处于从旧常态走向新常态的过渡阶段，世界经济增长动力正在进行转换，经济增长的引擎和拉动力出现多元化，全球经济治理体制和机制迫切需要转型和改革发展。中国经济在过去一段时期，增长速度偏高、经济增长不可持续的因素累积，带来了环境污染加剧、社会矛盾增加以及国际压力变大等严峻挑战，这也是十八大以前长期改革滞后形成的"体制病"和宏观失衡"综合征"。

未来中国经济新常态的基本内涵和重要特征表现为六个方面：一是增长速度由超高速向中高速转换；二是发展方式从规模速度型粗放增长向质量效率型集约增长转换；三是产业结构由中低端水平向中高端水平转换；四是增长动力由要素驱动投资驱动向创新驱动转换；五是资源配置由市场起基础性作用向起决定性作用转换；六是经济福祉由非均衡型向包容共享型转换。经济发展新常态集中体现为速度变化、结构优化、动力转换三大特点，强调效率高、成本低、可持续，最终实现经济结构的全方位优化升级。

在社会发展领域，针对社会结构发生的巨大变化，社会需求结构、社会心态、社会问题出现的新特点，国家提出用新的理念、新的方式推进社会治理创新，坚持系统治理、依法治理、综合治理和源头治理。社会治理新常态体现出八大特征：更加重视权利保护，更加重视依法治理，更加重视多种手段综合运用，更加重视基层治理，更加重视互联网治理，更加重视公共安全和应急管理，更加重视人民团体和社会组织的作用，更加重视社会治理人才培养。

二、新常态呼唤教育发展新思维

与基本实现教育现代化要求相比，我国教育还存在明显的短板。教育观念相对落后，内容方法比较陈旧，学生适应社会和创新创业能力不强；教育体制机制不尽完善，学校办学活力不足；教育结构布局不尽合理，城乡、区域教育发展不平衡。特别是我们的教育管理方式还没有发生根本性转变，管理体系和管理能力还不适应国家经济社会持续健康发展和人民群众接受良好教育的要求。"应试教育"思维仍然影响和制约着学校管理、教学和人才培养的各个环节。着力解决这些重大问题，是加快推进教育现代化的当务之急。

综合经济和社会领域的新常态发展理念，学校教育改革和发展至少应该具备以下思维。

一是注重教育公平。从国家层面，更多地通过公共政策的改进和完善来实现，满足不同地区、不同层次的教育需求，改革户籍制度、放宽城市入户政策、改善薄弱学校办学条件、允许随迁子女异地高考等成为国家的一揽子措施。从学校层面，在资源配置上公平地服务学生，在课堂上教师要公平地服务每个学生，保证学生有更多的自主学习机会。

二是尊重教育规律，以人为本。从重视教育发展的规模和速度，转向强调教育的价值回归和内涵超越。理性看待教育功能，努力实现教育本质回归，让教育回归到"人"的本原上来；超越传统的方式，不断催生教育的内生力、内驱力，更多关注学生的幸福成长，更加关注教师的专业发展，更加关注学校的制度建设。

三是从"管理"走向"治理"。建设现代教育制度，需强化学校内部管理规范性，提升依法管理、民主管理能力；扩大办学开放度，加强家庭、学校、社区联系，形成教育合力。

四是把提高教育质量作为改革发展的核心任务。在促进教育公平的同时，提升教育教学质量，尊重儿童身心发展规律，构建"真"课程，实施"真"课改，办出"真"教育。充分考虑优化高考本身及其对基础教育的引领作用，更多地调动学校、教师和学生的积极性。从基础教育开始，加强对学生创新意识、动手操作能力和良好行为习惯的培养，为我国由创新驱动的新一轮发展做好人才资源的储备。

三、以关键要素加快推进教育治理体系现代化

加快推进教育治理体系现代化的核心是找准关键要素，促进教育公平，调整教育结构，提高教育质量。我们认为应该重视以下几个方面。

（一）建立和完善现代学校制度

一是坚持依法办学、依法执教和法治教育。严格遵守国家的法律法规，依法治校、依法决策、依法管理，面向社会依法自主办学。将法治教育与教育督导有机结合，把依法治校能力和水平作为评价学校的重要内容，开展依法治校示范校创建活动。

二是推进学校章程建设，优化内部治理结构。在组织结构上，根据学校特点和需要，科学设置学校内部组织职能机构。完善行政领导与管理组织，构建学术支撑组织，健全民主管理组织，丰富学生自治组织。在规章制度上，建立一套完整的、规范有序的、合理的、可操作的制度体系。制定符合实际的学校章程，形成科学易行的制度体系，建立动态更新的制度审查与清理机制。在运行机制上，建立决策权、执行权与监督权既相互制约又相互协调的运行机制，保证管理与决策执行的规范、廉洁、高效。健全科学民主的决策机制，建立规范有序的执行机制，建立有效制衡的监督机制，重视学校文化等非制度性因素的激励作用。

（二）建设专业化教师队伍

习总书记先后提出"好干部五条标准"（信念坚定、为民服务、勤政务实、敢于担当、清正廉洁）、"四有好老师"（有理想信念、有道德情操、有扎实学识、有仁爱之心），为我们建立高素质专业化队伍指明了方向。

一是师德师风建设。将理想信念教育与社会主义核心价值观教育有机结合；坚持理想信念教育与"中国梦"宣传教育有机结合；坚持理想信念教育与师德师风建设、廉洁教育有机结合。

二是促进教师专业发展。根据教师职业成长阶段（新手教师、初高级教师、胜任教师、精通教师、专家教师）提供适合的专业发展支持。比如，教育部实施全国中小学教师信息技术应用能力提升工程，开设相应的培训课程和制定相应的能力标准，帮助教师提升信息技术素养及应用信息技术提高学科教学能力，促进专业发展。

榜样教师

（三）重视培养学生综合素养

基础教育需要培养手脑并用、知行统一，具有社会责任感、创新精神和实践能力的学生。当前的新高考改革所起作用必将传导到初中、小学，为整个基础教育真正培养符合新课程标准要求的人才提供广阔的空间。21世纪所需的技能，包括学习与创新技能、数字素养技能、职业和生活技能等。围绕品德、身心、学习、创新、国际、审美、信息、生活等领域，我们要构建新型课程体系，建立综合素养"阳光评价"体系，建设新型育人队伍。发挥家庭教育的积极作用，积极营造良好的社会环境。加强课业负担专项督导，建立学生体质健康状况通报和责任追究制度。改善师生关系，鼓励学生个性特长发展。

2018 年 4 月，西丽小学管乐队在南山区北部片区素质教育艺术展演上表演

（四）推进教育国际化

开放是现代化教育的基本特征，要加强国际交流与合作。以优质国际教育为参照进行课程、教学、师生关系、学校文化、人才培养标准等方面的系统设计，将世界先进理念贯彻到教学改革、课程开发、学校管理、教师专业化、教育科研等各个环节，在全球参照系中找到学校的位置。

中加学校学生辅导前来参加国际夏令营的加拿大学生写毛笔字

（五）树立大数据意识

利用技术提升教育智慧，打造未来学校。教育智慧主要体现为教育环境的智慧、教育过程的智慧、教师的智慧。实现的主要途径：通过引入新技术和重新设计学习环境，助推面向未来的学校教育变革；通过变革教育教学模式和促进深度学习，培养学生适应未来社会所需的关键能力；通过提升教师信息技术应用能力，推动教育创新和可持续发展。

根据学生的学习行为大数据调整教学策略，在课堂教学中采用基于证据的教学，一直是人们所追求的未来教育的理想形态。大数据正在融入教育的方方面面，并对这个世界的学习产生深远的影响。教育数据挖掘和学习分析提升了教与学的效率和质量。教育大数据分析系统以学生为中心，构建自主学习和社会交互模型，按照学习环节组织学习内容与学习过程，将学习活动的相关群体有机整合到学习管理系统中，实现个性化的课堂教学、家庭辅导和自主学习，因材施教和个性化学习成为现实。学生可以随时随地轻松地开展学习,通过数字化平台也可以实现对每个学生的个性化和智能化学习的引导;教师可以随时分享优质教学资源,实时了解学生学习进度,获取学情分析报告,快速准确掌握教学效果,及时调整教学策略;家长能够一目了然掌握孩子的学习进展和了解学习情况;学校等管理机构可以便捷开展教学管理,清晰地管理学生学习档案和教师教学进度,辅助教育决策和预测发展趋势。

四、南山推进学校治理探索举隅

学校是教育体系中最为核心的组成部分,一直以来也是最为关注的教育改革重点。

南山致力于建构彰显现代学校治理特征的学校形态,即利益相关方多主体参与办学、学校内部层层赋权扁平化管理、多维度多层次协商互动。一是开门办学,广泛争取高校、科研机构和高新企业的智力支持,争取第三方评估机构、家庭和社会等优质资源参与办学,建立教育利益相关者实质性参与的大平台;二是学校内部管理重心下移,赋权职能部门自主策划和决策、自我组织和实施,独当一面,变单线向下为上下互动、共同治理;三是多中心治理格局下,在领导与管理、课程与教学、班级与学生发展等不同领域、不同维度、不同层面实现多主体对话沟通,协商互动,达成共识。

(一) 推进利益相关者多元治理,创新多中心治理平台

充分利用南山高校、科研机构和高新企业智力资源聚集、参与办学意愿强烈等区域优势,大力推动学校开放办学,学校治理主体从过去政府一家,逐步成为政府、高校、社会机构、学校师生、家长、社区等多元主体。并以合作办学协议、家长委员会章程等形式界定各办学主体的相互关系以及责任和权利。比如深圳湾学校、深中南山创新学校、中科先进院实验学校,以及南科大教育集团、深圳大学附属学校(集团)等学校办学分别引进北大附中、深圳中学、中科先进院、南方科技大学、深圳大学等高

校、科研机构及名校资源办学。在办学协议中明确多主体关系和责任。政府、高校、名校等主体之间是合作关系，在办好学校，提升教育质量，促进学生发展的大前提下，实现多主体合作共赢。各主体也同时承担各自相应的责任：政府（教育局）是管理者，也是监督者，承担教育管理和监督学校的责任；高校和名校或者基金会是学校管理团队，负责学校教育教学管理；师生、家长、社区是学校治理的参与者，也是监督者。

（二）完善以学校章程为核心的内部治理机制

南山学校 2016 年年底 100% 落实"一校一章程"，把学校治理结构和运行规则建立在制度基础之上，依法办学，民主治校。全区学校以章程为依据，完善学校多元主体参与的治理结构，推行"党支部—校长负责制—教代会"三位一体的体制。在党支部的领导下，确立教代会的"立法"地位；重大事件集体决策，并实行公示制；讨论涉及广大学生利益的校长办公会等，还邀请少先队、团委、学生会和家长委员会代表列席。高度重视社区参与学校治理，建立一整套以社区、家长参与为基本特征的对学校管理、校长权力、学校经济行为、办学方向及教育质量充分发挥作用的监督机制、约束机制、评估机制和保障机制等。

部分学校，如南山外国语学校（集团）文华学校还推行"教育议事会"，在不过度干预校长的办学自主权的前提下，建立对学校办学重大事务进行咨询和审议的外部监督组织，把团委、少代会与家长、社区纳入其中，通过建立科学决策的保证机制和民主监督机制，广纳谏议，提高学校科学决策能力。

深圳湾学校实行理事会领导下的校长负责制，深圳基石教育基金会是合作办学方，组建基金会理事长、教育局局长、学校校长及社会知名人士等参与的学校理事会，理事会是学校管理与决策的中枢机构。完善学校内部制约机制，如通过改善理事会成员结构（增加社会各界人士的比例）、建立校务委员会、完善教职工代表大会等方法，完善民主管理和民主监督。

完善教育集团（全区共七个基础教育集团）治理模式，以"统筹、授权、协调、整合、共享"理念，厘清集团总校和成员学校责、权、利，从决策、执行、监督三个层面建立集团运行机制。针对集团复合型构成的特点，按集团法人、独立学校法人、联盟学校、对口帮扶等不同类型及紧密程度环式建立运行机制。实现"众人拾柴火焰高"汇聚众智的集团品牌发展，以及各分校之间既相互联结，又自成一体，"各美其美，美美与共"的办学愿景。

（三）聚焦促进师生全面发展的教育家办学

我们常说的"教育家办学"，其指向是学校办学的专业化自主治理，也就是把握教育发展基本趋势，把脉教育实际问题，遵循教育规律，超越非教育的一切羁绊，自主办学、专业办学。

一是问题导向，标准驱动。学校治理坚持问题导向，把发现问题、剖析问题、解决问题作为出发点和落脚点，建立学校教育教学改进"1+N"负面清单制度和权责清单制度。推动基于标准的教育改革，即把标准作为教育改革的起点、参照和驱动力，教育改革的各项具体内容均与标准的要求协调、一致。

二是聚焦队伍，价值引领。教师队伍建设是教育的核心和关键。南山在全市首发《南山教师宣言》，推动价值引领，强化教育使命担当和责任荣誉。推出行政导向的"先锋计划"和学术导向的"引领者计划"，以及"新岗教师纽扣计划""精英教师计划""伟大原著教师计划""未来教师培养计划"等，总计培训 200 余名校级干部储备人才，骨干教师 1500 余人。仅 2018 年，引进"985"和"211"重点院校毕业生 550 人，其中硕士研究生达 85%以上。

三是质量为本，特色发展。以提升质量为核心和根本，聚焦课程建设和课堂变革，着力打造世界一流的教育"南山质量"。以教育国际化和信息化为两大动力，推出"1+7"区域学校特色发展方案，学校常态开展艺术节、体育节、科技节、英语节、心理节、传统文化节六大系列活动，让学生在活动中全面发展，成效显著。承办全国及省市召开的课程改革、教育信息化、艺体专项汇报现场会。育才中学生涯规划、海滨实验小学民乐、华侨城中学棒球等学校特色课程大放异彩。全区特色学校如雨后春笋,异彩纷呈,呈现一派激情昂扬的勃勃生机。

南山学校,卓立新时代,以新要求重新审视学校发展的内外部环境,因势而为,不断加大改革和创新力度,趁势而上,不断完善现代学校制度,推进学校治理体系和治理能力现代化,为提高教育质量接续强劲不竭的内在动能。

打造责任督学挂牌督导 "南山范式"

> 教育督导是南山教育跨越式发展的重要推手。南山区政府强力推动教育督导工作，在全国率先成立区级教育督导委员会。同时，专项经费保障到位，并优配督学专职专岗，形成队伍专业组团，探索形成了工具明晰、流程清晰的信息化管理平台和运行机制。南山教育中小学责任督学挂牌督导，重点强化责任督学专业队伍使命感，重视加强督学与社区间的沟通互动，有效促进了区域教育的质量、幸福与公平。
>
> ——2014 年 11 月 29 日在全国中小学责任督学挂牌督导工作现场会上接受广东新闻网采访

责任督学挂牌督导是我国促进现代学校治理转变、推进学校依法办学、提高学校办学质量、保障教育公平的一项重大举措。《中小学校责任督学挂牌督导办法》颁布以来，南山教育人全员深入学习，更新观念，全局统筹，积极行动，强化顶层设计、着眼机制创新、关注实操细节，建立了"政府授权制度化，挂牌督导常态化，管理服务精细化，工作手段现代化，督学发展专业化，宣传交流社会化"的工作机制。近年来，在此基础上南山探索并构建了以"三据·九看"主题督导范式为抓手的责任督学挂牌督导工作新机制。

"三据·九看"主题督导范式是南山责任督学挂牌督导工作在遵循国家教育方针和"八项督导"（校务管理、招生收费、课程教学、学生学业、教师发展、校园安全、生活卫生、"三风"建设）的基础上，秉承"督学为主，服务为先"的督导理念，围绕把握重点、化解难点、关注热点的督导方略而形成的。该主题督导范式以"三据"（依据、证据、数据）为基本原则，以"九看"（看管理、看队伍、看配备、看课堂、看活动、看课后、看指导、看评价、看变化）为观测点，旨在强化督导的精准性、实效性、服务性，助推学校内涵发展、特色发展、品牌发展，打造责任督学挂牌督导的"南山样板"。该范式已取得显著成效，得到了国内教育督导同行的高度肯定和认可。从 2014 年 12 月至今，南山区已接待来自北京、上海等省市 80 多批次 1800 多人次的考察团学习交流。

一、主题督导范式的现实基础

（一）基于国家政策

1977 年，邓小平同志在《教育战线的拨乱反正问题》中提出："要健全教育部的机构。要找一些四十岁左右的人，天天到学校里去跑，搞四十个人，至少搞二十个人专门下去跑。要像下连队当兵一样，下去当'学生'，到班里听听课，了解情况，监督计划、政策等的执行，然后回来报告。这样才能使情况反映得快，问题解决得快。"按照邓小平同志的讲话精神，我国督导制度于 20 世纪 80 年代开始恢复，1986 年国家教委成立督导司。1995 年颁布的《中华人民共和国教育法》规定，国家实行教育督导制度和学校及其他教育机构教育评估制度。

习总书记在中央改革小组关于教育体制改革的会议中指出，要实现现代学校"管办评""放管服"，办好人民满意的教育。2012 年教育部《关于加强督学责任区建设的意见》和国务院《教育督导条例》明确规定，县级人民政府督导机构要指派督学对学校教育教学工作实施经常性督导，实施专项督导或者综合督导，应当事先确定督导事项。2012 年教育部《关于进一步加强中小学校督导评估工作的意见》要求把握重点，突出学校科学管理和内涵发展的主要内容。2013 年国务院督导委员会办公室下发《中小学校责任督学挂牌督导办法》，要求责任督学工作明确督导的八项任务和督导重点，规范办学行为，实施素质教育，提高教育质量，实现内涵发展。2016 年中组部、教育部《加强中小学校党的建设工作的意见》指出，要加强对中小学校党建工作的指导、督促和检查，纳入教育督导内容，与教育教学业务同部署、同落实、同考评。基于国家对教育督导的要求，南山督导将督导主题确定为"8+1"，即 8 项教育督导任务+1 项党建督导任务。

（二）基于国际经验

责任督学挂牌督导是世界上教育督导制度较完善国家的普遍做法。美国、英国、日本等教育强国，一直实行责任督学制度，都将责任督学实施经常性主题督导或随访督导作为促进教师发展、提高教育质量、促进学校内涵发展的重要举措。如 1872 年日本制定了《学制令》，把全国划分为八大学区，在各区设立督学局，配备若干专职督学，在文部省建立督学本局，统管全国督学事务。

（三）基于南山现状

2012 年以来，南山责任督学挂牌督导工作已经在全国率先形成框架范式，在实践中开始了探索，在几年的督导中不断总结，形成了体系较为完善的责任督学挂牌督导的体制机制和人员队伍。

反思南山督导工作，也还存在着一些瓶颈。一是督导主题不明确以及督导内容不精准导致教育督导工作效度不高，围绕八项督导任务，没有统一标准，目标性不强；二是督导队伍专业性不强以及督导方式方法不科学导致社会对教育督导信度不够，督学下校督导往往带有随意性，没有报告，学校也无所适从，不理解，也不支持；三是督导的内容重复，不够深入，逻辑性、整体性不强，造成了督导形式化，走过场；四是督导管理制度不健全以及督导结果运用不到位导致教育督导力度不强，督导内容比较宽泛，进而导致督导没有统一的尺度，效果不够明显。

二、主题督导范式的务实创新

（一）优化督导主题和内容，提升督导效度

1. 突出督导主题

为了强化督导的针对性、精准性、实效性，南山督导依据国家、省市制定的法律法规、方针政策、评估标准，围绕上级教育行政部门、教育督导部门、南山区委和区政府的工作部署及区教育局中心工作，针对近年来教育重点、难点、热点问题，把督导内容划分成若干个主题，主要包括党建工作、质量监测、国际理解教育、师德档案管理等十多个主题。这些主题的确定都要经过五个流程：提出主题—督学研究—征求意见—党政联系—下发文件。首先在开学前由督导室提出主题，交由责任督学深入研究，在充分征求学校意见的基础上形成文本纲要，提交给教育局党政联席会议审议，通过后以督导室文件的形式下发。对于每个月的主题，研究细化，制定观测点，形成规范的督导检查文件，下发学校。

2. 落实督导内容

一是对中小学师德档案管理专项督导。一段时期，针对教师进行有偿家教、课内不讲课外讲、加入培训机构等不良现象，2015 年 11 月至 12 月，7 个中小学责任区督学分别组成督导组对全区 71 所中小学师德档案管理专项工作进行了全面督导。二是对校园欺凌和安全专项督导。根据教育部的统一部署以及社会反映，南山区督导室于 2016 年 3 月组织责任督学对全区中小学校校园欺凌和安全进行专项督查，全区 10824 名初中学生、16215 名小学生参与校园安全问卷调查。三是对义务教育质量监测进行专项督导。借助国家对义务教育进行质量监测，广东省每一个县区都开展国测的契机，南山督导将质量监测纳入主题督导范畴，扩展到所有中小学，包括公民办学校、非义务教育阶段学校（高中和职校）。2016 年 4 月，责

任督学根据《教育督导条例》及区督导办工作要求，紧扣质量监测所关注的学校管理、课程开设、教师队伍、条件保障、学科教学五个方面的内容，首次研讨出 16 个观测点，对全区所有中小学进行了质量监测专题督导。2017 年 4 月至 5 月重点对义务教育阶段 62 所学校小学四年级、31 所学校八年级学生科学学习质量、德育状况进行主题督导。2018 年进行了全区学校的数学与体育学科的专项督导。四是对特殊儿童随班就读专项督导。保障残疾儿童少年受教育权利是国家的一项重要政策。为了落实《深圳市教育局关于进一步加强残疾儿童少年随班就读工作的指导意见（试行）》，我区中小学、中等职业学校深入开展随班就读工作，完善我区随班就读工作的管理，进一步落实深圳市特殊教育第一期行动计划。南山区督导室将"特殊儿童随班就读工作"纳入 2016 年 11 月的主题督导内容。督学共调研督导 84 次，召开了 70 次专题座谈会，听取学校领导的相关工作汇报，访谈师生家长 120 人次，收集学校意见约 60 条，向学校提出整改反馈意见约 50 条。五是对体育卫生工作专项督导。为全面了解南山各学校贯彻落实《中共中央国务院关于加强青少年体育增强青少年体质的意见》《学校体育工作条例》《学校卫生工作条例》等文件精神情况，督促中小学校树立"健康第一"的思想，有效保证学生体质健康指标逐年提升，南山区督导室将"体育卫生工作督查"纳入 2016 年 9 月至 10 月专项督查内容。此项督查历时两个月，分别到 84 所中小学督导共 168 次，召开了 162 次专题座谈会，访谈体育教师、校医、教师、学生约 650 人次，查看相关资料约 1170 份，听课评课约 206 节，收集学校意见约 153 条，召开意见反馈会约 150 次，向学校提出整改反馈意见约 240 条。六是对阅读与图书馆建设专项督导。为全面了解南山区各中小学贯彻落实《教育部 文化部 国家新闻出版广电总局关于加强新时期中小学图书馆建设与应用工作的意见》《广东省中小学图书馆（室）建设标准》《广东省义务教育标准化学校督导评估实施办法》《广东省义务教育标准化学校督导评估方案》等的情况，适应新高考、中考对学生阅读素养的要求，响应深圳市读书月主题阅读活动，扎实增强阅读教育和提升图书馆建设使用质量，南山区督导室将"阅读与图书馆工作督查"纳入 2017 年 10 月主题督导内容。责任区专兼职督学历时两个月，分别到 90 所中小学调研督导共 180 次，召开了 110 次专题座谈会，听取学校领导的相关工作汇报，访谈中层干部、教师、图书馆管理员、学生约 1050 人次，查看相关资料约 540 份，听课评课约 210 节，收集学校意见约 230 条，召开意见反馈会约 140 次，向学校提出整改反馈意见约 220 条。七是对党建专项督导。依据《中国共产党党章》《关于加强中小学校党的建设工作的意见》《中共南山区委教育工委关于开展教育系统党建督导工作的实施方案（试行）》的精神，2017 年以来，连续三个学期，南山区督导室分别开展中小学和幼儿园党建工作主题督导。制定了党建督导方案，通过实地走访、查阅资料、听取汇报、个别谈话等形式，分别对全区中小学、幼儿园进行了党建工作主题督导。区党建督导 340 多次，访谈党员领导和教师 1000 多人次，给予反馈意见 400 多条。八是对国际理解教育专项督导。南山是深圳市唯一的国际化试验区，为打造与国际化大都市相适应的国际教育，2017 年 12 月，中小学督学责任区在责任督学的统筹安排下，针对南山区属 90 所中小学（包括民办学校）进行了国际理解教育工作主题督导共 168 次，召开 335 次专题座谈会，听取学校领导的相关工作汇报，访谈体育教师、校医、教师、学生约 668 人次，查看相关资料 1436 份，听课评课约 177 节，收集师生问卷达 13857 份，收集学校意见约 188 条，召开意见反馈会约 148 次，向学校提出整改反馈意见约 186 条。2018 年 12 月，督导室采取自主申报、专业评估的方式对全区 15 所学校进行专项评估，评出了 10 所南山区首批"国际理解教育特色学校"，并授牌及给予专项经费十万元的奖励。九是对幼儿园办园行为主题督导。2017 年 12 月对南山区 200 所幼儿园进行了专项督导。督导组围绕办园条件、安全卫生、保育教育、教职工队伍、内部管理五个方面的内容，采取听取汇报、查阅资料、实地查看、问卷调查等方式督导幼儿园的办园行为。

督导形成每月一主题的常态性督导。每次督导结束都会形成专业的督导报告，归纳出主要亮点并提出教育问题及建议，汇编成《南山区责任督学挂牌督导主题报告集》，从而为区域教育发展提供了决策依据，进一步强化了全区中小学幼儿园依法办学（园）、规范办学（园）、按标准办学（园）的意识。

督学参加升旗仪式

（二）优化督导队伍和手段，提升督导信度

1. 创新督导队伍建设

一是以政府名义聘任督学。2014 年 9 月，南山区成立了督导委员会，下发了《关于全面推进责任督学挂牌督导工作的意见》，规范了督导工作。2017 年 6 月 30 日，区督导委员会召开南山区第四届督学聘任暨培训大会。

率先以区政府名义聘任督学，按照"自下而上、广泛发动、积极推荐、择优选聘"的原则，多渠道、高标准选聘各类专兼职督学。首次以区政府名义聘任 171 位督学。全体督学根据《南山区督学誓词》宣誓，郑重承诺依法认真履行督学职责。二是进一步优化责任督学挂牌督导队伍。2014 年以来，区教育督导室不断调整中小学、幼儿园督学责任区，不断优化责任督学结构配置。南山区现有中小学督学责任区 7 个，幼儿园督学责任区 26 个，专职责任督学 9 人（其中幼儿园 1 人），特约督学 17 人，中小学兼职责任区督学 87 人（其中在编在岗 76 人、非在编返聘 11 人），幼儿园兼职责任督学 52 人（均为在岗非在编）。专职责任督学由校长、书记、副校长、骨干教师组成，兼职责任区督学由一批有热情、有声望、有水平、有精力、有代表性的大学教授、人大代表、政协委员、媒体记者、外籍教育专家、退休校（园）长、副校长、教研员组成，人员结构合理，团队成员多元、稳定、专业。在每个责任区形成了中小学"3+x"（"3"指专职责任督学、特约督学、返聘督学各 1 名，"x"指责任区兼职责任督学）、幼儿园"2+1"（"2"指兼职的责任督学和责任区督学各 1 名，"1"指幼儿园的特约督学）的督学组团模式。每次下校必须要有 2 名及以上督学（至少 1 名专职责任督学）参与督导。此外，我们还建立了共享督学制。打破单一的责任区督学界限，特约督学与返聘督学实行两区共享，进一步提升优质督学资源的工作价值。与此同时，设立学校督学。2016 年 9 月起，将视导员更名为学校督学，以督导室名义聘任，同时赋予学校督学协调校（园）各类督导评估的职能。关心关注学校督学成长，除专职责任督学、特约督学、返聘督学外，将学校督学纳入外出学习培训范围，使其专业素质逐步提升。三是创新多元培训形式，提升督学专业化水准。几年来，组织 300 多人次的督学赴北京、上海、西安、成都、大连、贵阳、武汉、青岛等地参加国家、省、市组织的各级培训。区内先后组织了 26 期督学沙龙。每学期邀请特约督学、返聘督学为南山教育督导建言献策。先后接待来自北京、沈阳、山东、江苏、浙江等地市县教育督导考察团的学习交流。基本完成每位督学每年 40 学时的继续教育培训任务。

优配责任督学

2. 创新督导手段

几年来，南山区督导牢牢把握"三据"基本原则，通过"九看"观测点，助推校（园）优质均衡发展。实现了"四个转变"：从"程序督导"到"泛在督导"的转变，从"结果督导"到"全程督导"的转变，从"专家督导"到"多元督导"的转变，从"数字督导"到"智慧督导"的转变。创新"互联网+督导"形式，升级中小学校责任督学挂牌督导工作平台，使信息发布、信息流转、数据分析更为快捷。在充分使用互联网信息技术的基础上，遵循问题导向，强化整改落实，进一步提升了督导工作的严肃性。研发的督导平台在全国范围内推广使用，目前已经有 30 多个县区使用。截至2019 年 4 月，督导平台主要数据如下：督导记录 8287 次，督导评估 4517次，听课记录 1864 节，整改通知 45 次，问题月报 4563 次，投诉处理 18 次，协商意见204项，新闻报道796次，学期报告170次，课题研究53次，专项会议2801次。南山的督导平台发挥了积极作用。同时，南山积极研发督导评估系统，充分利用已研制的"幼儿园等级评估系统"软件，借助互联网和平板电脑、手机等移动终端，实现网上督导。通过信息录入、调取、查阅、数据统计、分析等工作，逐步加大信息化程度，提升督导效度。

幼儿园督导工作

（三）优化督导机制和评价，提升督导力度

1. 督导机制创新

一是强化督导委员会领导协调职能。为巩固全国责任督学挂牌督导创

新区建设成果，研究解决南山区教育督导问题，协调落实区有关部门的教育职责，2017 年 2 月 20 日，区教育督导委员会主任主持召开了 2017 年度区教育督导委员会第一次工作会议，讨论并通过了四项议题：第一，以区政府名义聘任南山区第四届区督学；第二，调整南山区人民政府教育督导委员会成员，进一步明确了 21 个成员单位职责分工；第三，刻制区教育督导委员会及其办公室印章共 2 枚，南山区人民政府教育督导委员会公章交由区政府办公室管理，南山区人民政府教育督导委员会办公室公章交由区教育督导室管理；第四，以区教育督导委员会名义印发《南山区人民政府教育督导委员会关于进一步加强我区中小学校、幼儿园责任督学挂牌督导工作的意见》，有效强化了区教育督导室职能。二是增设机构加派人员。进一步完善机制建设，区教育局明确一名局领导联系督导室工作，并具体分管成人教育督导评估；督导室在原督导办公室的基础上新增责任督学事务中心、质量监测中心。

2. 督导评价多元

一是坚持及时反馈制度。及时反馈，适时指导，整改跟进，使督导工作更有效。如 2018 年 3 月，督导室首次向全区报告了南山区国家学生体质健康标准测试情况，通过翔实数据、真实案例向与会代表报告了南山区学校体育卫生工作的亮点、问题和不足，并给出了建设性意见和建议。二是坚持主题报告制度。通过主题报告说清亮点，谈透问题，提出建议，使相关部门在证据、数据中看到问题，找到工作新的切入点和着力点。督导，不仅被学校所重视，也被教育局相关行政部门所需要，形成了督导和行政部门联手共同推进工作的可喜局面。督导室为教育局及政府层面提供的主题督导报告，为教育决策与发展提供了依据及参考。三是坚持信息定期发布制度。通过问题月报、督导简报、督导工作手册、绿皮书等方式，梳理督导过程，总结督导工作，以多种渠道发布督导信息，扩大督导影响力，持续推进督导工作。四是坚持考核与评价制度。督导考核与学校校长年度考核挂钩，权重占考核总分的 20%；评选优秀督学纳入教师节表彰，并发放奖金，通过教师节平台宣传优秀督学，激励优秀人才加盟督学团队。

三、主题督导范式的优化思考

南山形成的"三据·九看"主题督导范式，真实加强了教育督导工作的精准化、科学化和常态化，有效升级了南山区教育督导机制版本，为促进学校内涵发展，推进教育优质均衡发展等做出了应有的贡献，但是主题督导工作还有很大的提升空间，需要在以下三个方面加大探索力度。

一是进一步完善主题督导工作机制。结合十九大和《关于深化教育体制机制改革的意见》精神，在体制机制建设上还需要进一步探索，保持机构专设、人员专职专编，有完善的管理体制和激励机制，以促进责任督学挂牌督导工作的持续发展。

二是进一步提升督学专业素养。责任督学制度建立时间较短，不管从哪个层面去遴选责任督学，新上岗的责任督学都难以很快胜任工作。这就要求督导部门必须进一步重视责任督学的能力建设，制定出台责任督学选拔标准，严格选拔程序，组织相应的学习和培训，迅速建立一支数量充足、结构合理、素质优良的专业化责任（区）督学队伍。

三是构建主题督导内容体系。督导主题是责任督学挂牌督导工作的核心，如政府履职、教育教学工作、质量监控等督导内容应与时俱进、有轻重缓急、有逻辑体系。如何确定督导主题还要结合国家战略、区域实际、热点难点工作，要按照中共中央办公厅《关于解决形式主义突出问题为基层减负的通知》要求，不能泛泛督导，要精准督导，减少督导次数，切实为学校减负，在实践中不断探索，厘清关联，进一步完善、优化主题内容体系。

创新·未来

教育本身就是供给侧

> 从全要素的角度看，教育与经济发展规律有一致之处。教育本身就是供给侧，是人才的供给、教育资源的配置、教育环境的打造。教育要挖掘自身能量，启发每一位教育工作者追求内涵发展，提供全面优质、适合每一个学生发展的高效教育。
>
> ——2016 年 10 月 13 日接受
> 《深圳特区报》记者采访

2016 年，时任深圳市教育局局长张基宏在基础教育系统暑期校长"领导力提升"培训会上指出："目前深圳基础教育在创新型人才培养、国际化、选择性教育资源供给等方面，还存在较大不足，还不能很好地支撑城市的定位和发展需求。许多高层次人才选择来深圳工作、定居，对子女接受优质教育的期望值很高，如果优质教育资源和国际化、选择性教育资源不足，将严重削弱这个城市的吸引力。"南山区委、区政府在推进"双中心"发展战略中，也提出要补齐教育、医疗发展短板。解决南山教育存在的突出问题，构建与"双中心"城区发展战略相适应的优质教育体系，我们需要加强教育供给侧结构性改革，进一步提高教育治理能力。

一、供给侧结构性改革

2015 年 11 月，习近平总书记在中央财经领导小组第十一次会议上首次提出供给侧结构性改革。他指出，当前和今后一个时期，制约我国经济发展的因素，供给和需求两侧都有，但矛盾的主要方面在供给侧。要加大供给侧结构性改革力度，重点是促进产能过剩有效化解，促进产业优化重组，降低企业成本，发展战略性新兴产业和现代服务业，增加公共产品和服务供给，着力提高供给体系质量和效益，更好满足人民需要，推动我国社会生产力水平实现整体跃升，增强经济持续增长动力。

供给侧是经济术语，从经济学角度看，供给与需求是同时存在的一对关系。需求侧有投资、消费、出口"三驾马车"，供给侧则有劳动力、土地、资本、创新四大要素。原来的生产力已经无法满足人民日益增长的物质需求，现阶段要从供给处着手，解放生产力，转型、升级供给端，满足人民消费需求。供给侧结构性改革旨在调整经济结构，使要素实现最优配置，提升经济增长的质量和数量。供给侧结构性改革，就是从提高供给质量出发，用改革的办法推进结构调整，矫正要素配置扭曲，扩大有效供给，提高供给结构对需求变化的适应性和灵活性，提高全要素生产率，更好满足广大人民群众的需要，促进经济社会持续健康发展。供给侧改革是一种创新的调控方式，它以结构性改革为主要内容，目的是提高供给体系的质量和效率。

二、教育供给侧结构性改革

供给侧结构性改革不仅是经济领域的事，也是教育领域的事。从全要素的角度看，教育与经济发展规律有一致之处。化解当前存在的教育供需矛盾，就是通过改革的办法推进结构调整，从提高教育质量出发，改变单一供给结构，形成丰富、多元、可选择的供给侧结构，从而为群众提供多样化、高质量的教育服务，满足不同层次的教育需求。

教育供给侧出了什么问题？从实际看，一是教育结构不合理。教育培养的人适应不了社会需求，与市场脱节，人才培养的模式传统僵化，学生普遍缺乏创新精神。二是优质教育资源供给不足，区际、校际发展不平衡，缺乏具有更宽领域适应力和竞争力的优质教育，高端的个性化民办教育缺乏。三是教师队伍存在结构性缺编和配置不均衡等问题。其他还有教育评价、学校特色、教育的可选择性、学生个性保护、减负、投入等问题。

解决当前教育领域的痼疾顽症要坚持问题导向和原因导向，妥善处理均衡与公平问题、质量和效率问题、教育理想与社会现实问题、国家需要与个人期望问题等，这其中，教育的供给侧改革是关键。教育供给侧改革就是从供给、生产端入手，通过教育供给，提升效率，促进教育发展。教育领域的供给侧改革，一方面是提高教育供给端的质量、效率和创新性，使其更贴近学生需求，做到既能满足学生个性发展的需要，又能对准未来社会的需求；另一方面是丰富教育供给结构，为学生提供丰富、多元、可选择的教育资源、教育环境和教育服务模式，替代和打破原有单一的培养模式、统一的课程资源、僵化的考试评价供给结构。

三、南山教育供给侧结构性改革探索

南山是广东省首个教育强区、首个教育现代化示范区，2014 年通过全国义务教育发展基本均衡区评估。南山优质的创业、宜居的城区环境促使教育发展蓬勃向上，一日千里。但同时也存在着适龄儿童就读人数暴增、学校数量不足，公民办教育、南北片区教育发展不均衡，以及教育内涵发展不足、建构质量标准不清晰等问题。

对南山的现实来说，供给侧结构性改革的重点就是推进"四位一体"（即标准、质量、品牌、特色）理念，以新优质学校建设为着力点，以教育质量标准体系建设为抓手，全面打造教育的"南山质量"。具体来说：

一是新建、改扩建学校，改善学校办学条件，保障民生、补齐发展短板、增加教育公共产品供给；二是落实学校办学自主权，探索多种办学模式，鼓励学校办出特色；三是打造适应新需求和服务的教师队伍；四是借助技术等发展优势，激发创新活力，培育发展新动能。

（一）增大教育供给总量

一是新建学校。2013 年至今，南山教育投入 70 亿元，新建深圳湾学校等 24 所中小学校（含 22 所普通中小学，1 所中等职业学校，1 所特殊教育学校），增加学位 5 万余个，办一所优一所；新增幼儿园 60 所，增加幼儿学位近 2 万个。

二是盘活存量。进一步优化全区学校布局，关停弘基学校、新塘小学、振兴小学等 4 所民办学校，改扩建西丽小学、华侨城中学等 8 所中小学校，增补调整，盘活教育存量，确保每一个符合条件的孩子都有学上，实现义务教育质量、规模、结构和效益协调发展，满足百姓就读需求。

创新学校

深圳湾学校

（二）提高教育供给质量

在提高教育供给总量的同时，重点加大优质教育资源供给。一是建立南山教育质量标准和评价体系。根据《深圳市深化教育领域综合改革方案（2015—2020年）》要求，构建教育领域的南山标准，打造教育"南山质量"，以一流的标准和质量推动教育改革创新。在学校层面，开展中小学教育质量综合评价。根据教育部《关于推进中小学教育质量综合评价改革的意见》要求，以八大素养和阳光评价为指南，与中国教育科学研究院专家组共同研发南山中小学综合质量评价标准体系。推动南山教育过程测量与综合评价系统进一步完善，提高评价手段的信息化和科学化，每年年底定期发布南山教育质量年度报告。二是以新优质学校建设为抓手打造优质教育资源带。针对南北区域教育不均衡问题，借力南山区北部片区发展契机，重点推出《南山北部片区教育优质发展三年行动计划》，以"联姻南科大、中科先进技术研究院、深圳中学等品牌资源合作办学，组建深圳大学城学校联盟、高起点创办新学校、北部学校以信息化为支撑的自身内涵式发展、南北片区领航学校联盟、精英教师北部深耕支教"六张牌推动北部教育质量快速提升，取得实效，打造了教育"南山北"的新名片。南山区委书记王强表示充分肯定，认为北部片区教育事业的发展变化是开创性的、跨越性的、根本性的。再就是打造了依托"大沙河创新走廊"高新企业和智力资源的南北走向的优质教育资源带，和东西走向的贯穿华侨城文化创意园、留仙洞总部基地、前海蛇口自贸区的优质教育资源带，串联辐射32所中小学校。三是以教师队伍 3.0 版建设为抓手提高教育质效。实施行政导向的"先锋计划"和学术导向的"引领者计划""骨干教师培养计划""精英人才校园共享计划"等，建立7个市级和23个区级教师发展基地学校，推动建立教师发展梯级培养模式，量身定制教师专业发展路径，培养具有南山基因的创新型未来教师。先后评选出 30 名精英教师，扶持区内新办学校和片区发展滞后学校。在公办学校引入外籍副校长，实施"伟大原著计划"，引进国际教师专业技能标准，培养和改变了一批教师的教学风格，实现了教师教学方式、课堂教学策略、教学技能的突破性提升。

培养创新型未来教师

（三）改进教育供给方式

学生的成长成才应该是个性化、差异化发展的过程。我们通过改进教学方式、打造特色课程和推进大学区制等，努力为学生提供丰富、多元、可选择的教育资源。一是推进课堂教学改革。围绕新高考改革趋势，加大课程创新力度，鼓励各学校自主开发校本课程、特色课程、拓展课程等，满足学生对多样化课程的需求。实施校外脑库计划，率先成立南山少年创新院，以创新为核心，培养批判性思维、数字化和生活适应等关键能力。以不断提高学生的综合素养为目标，依据学科课程标准，借助现代教育技术手段，采取情境创设、任务驱动等有助于调动学生自主学习、实践创新的教学方式，开展泛在学习、未来教室建设试点，开展 STEM 综合课程、创客式教学与游戏化学习，以及"伟大原著"课程和教学法探索，继续推进信息技术在学科教学中的深度融合与应用，促进课堂学习方式变革。二是打造学校品牌、特色教育。全面加强学校体育艺术教育并积极开展综合实践活动。进一步落实学校体育艺术教育"2+1+1"工程，推出《南山区

四点半课堂展示

特色教育 1+7 实施方案》，强化学校特色教育的平台搭建、普及推广和学段衔接，做到全区一盘棋。规范推进学校"四点半"活动全面实效开展。整合社会优质资源，大力建设综合实践活动校外基地，开通中小学生博物馆课程、红色教育基地、高新企业创客坊、南山德育地图等，在硬件、软件、师资等方面加大对艺体教育和综合实践活动的经费投入。三是实施义务教育阶段大学区招生制度。在严格落实深圳市积分入学、片区招生的基础上，在桃源村片区、大学城片区义务教育学段教学质量接近的学校实施大片区招生制度。与此同时，南山区大力推动普通高中学校特色化发展，鼓励高中学校错位发展、多样化发展，满足学生更多的学习选择。

（四）完善教育供给模式

供给侧改革强调机制体制创新，充分释放生产活力。针对南山高层次人才聚集，家长教育需求多样化、高端化的实际情况，以及公办教育无法全覆盖满足社会多元需求的现状，我们充分利用社会资本、社会乡贤乐于办学、助学的热情，充分利用市场优质配置教育资源，充分做好教育的"放管服"工作，给予学校更大的办学自主权。一是鼓励社会资本举办高端民办学校和国际学校。如南山区内国有民办的南山中英文学校、北大附中深圳南山分校、道尔顿新华公学、深圳（南山）中加学校、南山国际学校、贝赛思国际学校等，就是充分利用民间资本举办的高端学校，满足了部分社区居民对教育的多元需求。形成了政府办学为主体、全社会积极参与、公办教育和民办教育共同发展的格局。二是改革管理，增加学校办学自主权。南山区贯彻上级"放管服"精神，进一步放权赋权于学校，推行学生生均财政政策，落实学校人权、财权、事权到位，增加学校办学自主权。在 2003 年组建第一个公办教育集团——蛇口育才教育集团的基础上，加大集团化办学力度，目前全区共有 8 个教育集团，覆盖全区 46% 的学校，集团学生人数占全区学生人数约 55%。政府赋予教育集团（学校）更大的办学权力，自主统筹集团学校内部资源配置、教师调配、教育教学管理等，力促区域教育创新优质均衡发展。

教育"南山质量"的法治之维

　　为落实习近平总书记寄望深圳做好"四个全面"的重要批示，我们第一时间编制《"法治南山教育"工作实施方案》。进行校长岗前法制考试，将法律素养纳入学生综合评价，率先在全市教育系统启动法治教育行动，方案涉及 11 个重点项目、33 项具体行动，全面推进依法治教、依法行政、依法治校，形成区域特色明显、成效显著、机制长效的南山教育法治改革新常态。

　　　　　　　　　　——2015 年 8 月 25 日在校（园）长
　　　　　　　　　　暑期学习会上的讲话

　　法治教育，是以法治思维和法治方式推进教育领域综合改革的重要举措，是教育领域落实依法治国理念的重要体现。在《国家中长期教育改革和发展规划纲要（2010—2020 年）》（简称《教育规划纲要》）和《全面推进依法治校实施纲要》颁布实施以后，增强教育人的法治意识和能力，把全面推进依法治国总体要求融入教育治理体系建设是当前教育发展改革的重要趋势和方向。

一、法治教育："南山质量" 适应法治国家建设的必然选择

从法制走向法治，从管理走向治理，是现代社会发展的必然趋势和方向，是新时期我国加强社会建设的重要内容。教育，作为社会的重要组成部分，亦不例外。自十一届三中全会以来，以《中华人民共和国学位条例》为起点，随着《中华人民共和国义务教育法》《中华人民共和国教师法》《中华人民共和国教育法》《中华人民共和国高等教育法》《中华人民共和国民办教育促进法》的相继出台，我国教育已经形成了相对完整的法律体系框架，这为依法治教的顺利实施奠定了基础，提供了保障。但当前教育领域存在的各种广受诟病或令百姓不够满意的问题则时刻提醒着我们，在教育领域，要实现依法治教，仅仅有静态的法律还不够，还应该从法治的角度去加强治理。有学者认为，传统的管理是以命令、服从为基本内容的纵向型框架，而当前的法治则是以协商、平衡为主要内容的横向型结构。

深圳市南山区是中国最具活力的城区之一，是中国具有代表性的教育改革创新城区。自 1990 年建区以来，短时间内就实现了从农村教育到城市教育，从城市教育到现代化教育的两度历史性跨越。回顾南山教育发展，可以说，重视法律法规，充分发挥法律的规范作用和社会作用，并始终将依法治教、依法治校思想贯穿于学校管理、教师教学、学生学习与生活、社区与家校协同等区域教育治理体系建设的全方位、全过程，是南山教育实现跨越式发展的坚实基础和重要经验。新时期，为贯彻落实《教育规划纲要》及十八届三中全会关于教育领域综合改革的精神，为满足人民群众对优质教育资源的需求，争做教育的领跑者，南山教育人做出 "齐心共筑教育理想，协力打造教育南山质量" 的战略决策。根据社会发展的要求和南山教育发展的历史经验，教育南山质量建设也必将在法治理念指引下，将法治建设融入区域教育治理体系建设中，以法治思维和法治方式引领教育领域综合改革，科学构建现代教育治理体系和全面提升教育治理能

力，以实现"让每一所学校都优质，让每一位教师都精彩，让每一个孩子都幸福"的教育追求。因此，可以说，法治教育既是教育"南山质量"实现的必要条件，也是南山实现教育优质均衡发展的重要途径和举措。

二、多维模式：南山法治教育的实践探索

南山教育人贯彻落实《教育规划纲要》精神和要求，秉承"抓质量、促公平、求改革、增效益、见成效"的原则，坚持法治和治理的理念，将依法治教贯穿于区域教育治理体系构建的全过程、全方位，形成了区域法治教育的新模式，为全面提升依法治教能力和水平，打造教育的"南山质量"，实现区域教育优质均衡发展奠定了坚实基础。

（一）以依法治校示范校评选为契机，推进学校法治建设

自建区以来，南山区政府历来高度重视法律法规建设，始终坚持以法治理念指导和推动全区各项教育事业改革与发展，推进了南山区的教育现代化建设。在深圳市开展的中小学依法治校示范校评选中，南山区先后有桃源小学、西丽小学、育才三小、南山二外、西丽第二小学、南头城小学、卓雅小学、华侨城中学、南山第二实验学校等 12 所学校相继入选，名列全深圳市前列。南山区各学校都有自己独到的做法和特色，各学校的法治教育工作亮点纷呈，卓有成效。以桃源小学为例，该校非常重视普法和依法治校工作，把其纳入学校工作的重要议程，专门成立由校长挂帅，由学校党、政、团和各职能部门负责，老师、家长、学生参与的依法治校领导小组。使法治教育工作有人抓、有人管、有人做，并通过目标管理，实现依法治校工作有组织、有计划、有规划、有检查、有记录、有总结，真正使这项工作落到实处。桃源小学法治教育的具体做法，首先，学校领导班子成员团结合作，廉洁奉公，校长带头进修法律专业知识，引领全校师生遵纪守法，按章办事；其次，充分发挥党、团、队、工、青、妇组织的骨干作用，依法治校，依法办学；最后，安排年级、科组蹲点行政，责权明确，重抓落实，增强服务意识。可见，学校形成了一套系统的法治教

育体系。

(二)建立"三聘请三落实"工作机制,提高南山教育人法治观念

立法是基础,知法是前提。依法治国必须提高全民的法律意识和法治观念,依法治教亦不例外。近些年来,南山区开展法治宣传和法治教育主要通过"三聘请三落实"的工作机制实现。

一是在学校设置法治副校长。20世纪90年代,南山区开始探索在中小学实施聘选法治副校长制度,设置法治副校长岗位,以专门负责落实学校对外法律事务和对学校教师、学生的法制教育工作,并在校园门口公示,接受社会的监督。这一制度已在全区公办中小学中普遍实施。

2015年南山新提拔校(园)长法律规章考试

二是率先进行法制辅导员制度探索,南山区通过邀请司法局、法院、检察院、交警、消防员、派出所等单位人员担任法治辅导员,通过定期开展法律知识讲座等形式,对学校教师、学生开展法治宣传和教育,引导青少年做奉公守法的示范者、法治宣传的践行者和法治建设的参与者。

三是聘请人大代表、政协委员、家长代表等社会各界人士担任学校校风校纪监督员，切实加强师德师风建设，切实加强校风校纪的监督，促进全区教育事业健康有序发展。同时，开展多种形式的法治教育活动，如法官进校园、模拟法庭、专题讲座等。平时通过校园广播站、电视台、黑板报、手抄报等媒体开展法治宣传。

南山区人民检察院检察官为师生们就"反校园欺凌"法律知识答疑解惑

（三）创新机制，破解管办评分离机制

南山区以法治思维和法治方式，积极响应国家法律法规要求。在教育部《关于加强督学责任区建设的意见》和《中小学校责任督学挂牌督导办法》下发后，南山区迅速启动中小学校和幼儿园责任区建设和责任督学挂牌督导工作。通过创新督学组团，打造权威督学队伍，让综合督导全面切入。为顺利开展督导工作，建立了新的南山教育督导信息管理平台，实现了大数据集中采集、统计、分析与处理，并通过创新制度建设，凸显南山督导特色。单列专项经费，落实工作待遇，优选办公场所，创设督导文

化，开发督导量表，编印工作手册，配备专用号码，设督学工作室，让工作无缝对接督导，尽显挂牌督导魅力。经过努力，教育部督导评估现场会选在南山召开，现场会介绍了南山经验，提供了"南山样板"。

（四）协同创新，积极推动现代学校制度建设

现代学校制度建设是当前我国教育改革的重点领域，也是法治建设的具体落实。《教育规划纲要》明确提出要建设现代学校制度，对于基础教育则提出要完善中小学管理制度。作为全国现代学校制度实验区和深圳市现代学校制度实验区，南山区探索现代学校治理制度建设主要有如下举措。

1. "小手牵大手"协同创新现代学校制度

为打造北部片区品牌学校，促进区域教育优质均衡发展，南山区教育局充分利用深圳大学城和南方科技大学的资源优势，采取了"小手牵大手"策略，即通过区域内大学与小学资源共享，实现协同创新发展。在2014年，先后成立了大学城联盟实验学校、南方科技大学实验学校。为加快现代学校制度建设，促进学校快速发展，南山区教育局和中国教育科学研究院专家组结合学校的特点和特色，研制了《大学城联盟实验学校章程》和《南方科技大学实验学校章程》。章程对学校的机构设置与管理、入学与学籍管理、教育教学管理、教师队伍建设等八方面内容进行了详细的阐述。这不仅有助于增强学校自主权，有助于规范学校内部治理结构和权力运行规则，充分反映广大教职员工、学生的意愿，体现学校的办学特色和发展目标，同时也为南山区其他各学校制定章程提供了参考和借鉴。

2. 依法治教，区域内校（园）长大范围轮岗交流

南山区变革校（园）长考核评价机制，实行校（园）长与教师双向网络测评，采用"背靠背"的评价形式，力求真实、客观、环保、高效。测评结果分为优秀、合格、基本合格和不合格四个等级，每一位校（园）长都会收到一份书面考核反馈，其中包括考核结果以及教师评语与建议，旨在帮助校（园）长更清楚地认识到上一年度的工作状况，以便做出改进。同时，根据《深圳市中小学校长教师轮岗交流工作的指导意见》，南

山区于 2014 年下学期对符合规定和要求的 18 位校（园）长、500 多名教师（约占全区教师总数的 10%）进行了轮岗交流。完善校（园）长考核机制，并按照法律法规对校（园）长进行轮岗交流。实施"先锋计划"和"引领者计划"，南山区教育局从 2013 年开始分层级设计，加大校（园）长、中层干部、一线骨干教师的队伍建设力度。行政导向的"先锋者计划"，孵化了 98 名校长后备干部，2014 年提拔的一部分校长和副校长正是来自先锋储备成员。与"先锋计划"相对应的学术导向的"引领者计划" 2013 年也同时启动，192 名学科骨干教师参与了一系列高端培训。

3. 建立健全教职工代表大会制度，不断完善科学民主决策机制

南山区各中小学普遍建立教职工代表大会制度，积极推行校务公开，定期公布学校的政务、财务及有关重要事项，增强学校工作的透明度。同时，定期召开教代会，讨论、审议学校的有关重要决定，对学校改革发展的重大决策（如岗位、津贴改革方案，教师招聘等）在教职工大会、教代会或校务公布栏上向教职工公开，征求教师的意见，切实保障教职工民主参与、民主管理、民主监督的权利，提高教职工的工作积极性和创造性，促进学校各方面工作卓有成效地开展。

（五）实施"阳光政务"，增强教育公开度和透明度

政务公开是实行法治的基本要求。近些年来，南山区教育局和各学校不断转变工作作风与形式，利用互联网和多媒体技术，积极实行政务向全社会公开。如南山区教育局在其官方网站上开通了网上服务办事大厅，包括政务公开、预约办事和咨询投诉三大板块，这不仅让社会更加及时、清楚地了解南山教育的相关信息和政策，简化了办事流程，而且也进一步拓宽了咨询和反馈渠道。以招生为例，为实现"阳光招生"，南山区近些年采取的措施主要有：第一，根据社会环境等内外部条件的发展变化，科学划定学区，规范化学区管理；第二，南山区教育局开发了全区的三维地图，让每一位家长能够通过网上地图直观、形象地了解其所住区域可选择的学校；第三，向每一个适龄儿童家庭发放招生指南，使其详细了解当年

的招生政策和入学要求;第四,教育局每年定期对招生工作进行宣传,每年3月20号和4月10号所在的一周,教育局分别对小学和初中招生进行宣传和解答;第五,在教育局网站上公开发布学位申请指南,并且在2014年借助新开通的入学"E事通",学位申请和资料核验实现网络化办理,多让数据跑路,少让群众跑路,为家长省去了许多麻烦。这一平台的建立,不仅打破了以往的工作惯例,形成了新的工作机制,而且通过流程再造,实现了政府办事由"自我保护"向"便民利民"转变。

在学校层面,南山各中小学校注重校务公开,全面实施校务公开、政务公开制度,明确校务公开工作机构的职责,不断扩展校务公开工作的广度和深度,调动教职工参与民主管理和民主监督的积极性。加强对学校的招生、招聘、改善学校设施等大项工作的监督力度,加强对校务公开执行情况的监督,促进学校决策民主化、科学化,促进学校的党风廉政建设。对教师职务评定与聘任、评先与提拔,以及涉及教职工权益的其他事项都实行公示。通过行政会、教师大会、校园网、广播站、电视台、校内外公告栏等渠道将各项工作及时准确向师生公布。把学校各项收费项目和标准挂牌向学生、家长和社会公开。招生期间及时把有关招生规定、办法等事项通过学校公告栏和学校网站向社会公布。学校建立了家长委员会,学校决策涉及学生权益的事项,设置家长诉讼电话,接受家长委员会的监督,并定期召开家长委员会和街道、社区座谈会,听取意见和建议。各学校还利用学校网站、家长联系手册、家校通、交流信箱等形式建立了与学生、家长、教师、社会的沟通渠道。

三、展望与思考

随着社会主义民主法治和政治文明建设的推进,教育改革的不断深化,各级各类学校的发展环境、发展理念、发展方式正在发生深刻变化,迫切需要全面推进法治教育。通过近些年来的实践与探索,南山区积累了一些好的经验和做法,取得了一些成果和成绩。但总的来说,在全区范围内全面推进法治教育依然任重道远，仍有许多问题需要不断探索。为了更好地推进法治教育，我们将在总结过去经验的基础上，立足现状，展望未来，进一步探索和创新区域法治教育的有效途径和模式。

（一）弘扬法治精神是区域教育发展的先决条件

十八届四中全会《中共中央关于全面推进依法治国若干重大问题的决定》提出，法律的权威源自人民的内心拥护和真诚信仰，要把法治教育纳入国民教育体系，从青少年抓起，在中小学设立法治知识课程。强化规则意识，倡导契约精神，弘扬公序良俗。新时期的南山教育发展必须弘扬法治精神，以法治精神和法治思维引领教育综合改革，要准确把握法治的内涵和精髓，牢固树立依法改革、依法行政和依法办事的法治意识，以确保"让每一所学校都优质，让每一个教师都精彩，让每一个孩子都幸福"的教育追求得以实现。

（二）摒弃功利化思维，提升区域教育发展软实力

当前我们的教育还存在很多功利化思维和做法，比如"重应试轻育人"的教育目的偏差，"重认知轻体验"的教育方式偏差，"重外在表现评价轻价值取向"形成的教育效果偏差，学校对学生道德素养、法治意识评价缺乏科学规范的操作体系，更多依靠教师通过外在观察做出主观评价，等等。

十八届四中全会公报中指出，深入开展法治宣传教育，把法治教育纳入国民教育体系和精神文明创建内容，这为去功利化指明了方向。法治观念淡薄、法治信仰缺失，由此引发的精神文明空洞化、精神世界虚无化、价值伦理反法治化，是功利化思维产生的重要原因。在现代国家治理中需要不断体现"深入开展法治宣传教育"的多项要求，守住社会公平底线，将功利行为的收益压缩到最低。

法治建设的基础在教育，法治思维和法治信仰的形成关键在学校。全面推进依法治国，必须将法治意识、法治精神、法治思维、法治方式根植于每个管理者、每个教师和每个学生心中，让法治素养伴随并滋润着所有的南山教育人，促进中小学生健康成长。让那些功利化的思维，通过依法治教、依法治校以及宣传法治教育思想的方式去破除。

（三）创新法治教育课程，让法治思维与法治方式根植南山教育人

目前我国新课程标准下的教材中，关于法治、规则方面的教育内容是融合在道德与法治、思想品德（政治）、历史等课程中的，因此现行的中小学法治教育，还是一种 "零打碎敲" 的教育模式，大部分都是将法律知识的传授融合在各级各类学校的学科教学中。缺乏高质量的分年龄、分年级的法治教育教材，是当前中小学法治教育工作的一大瓶颈。

南山区在法治教育课程建设方面做了大量工作，有些学校开发了一些法治教育的校本教材，将社会主义核心价值观旗帜鲜明地体现在我们的教材当中，将一些法制内容编进校本课程，进教材，进课堂。也开展了丰富的法治教育活动，比如法治宣传日、知识竞赛、设置法治副校长、设立模拟法庭、举办法规展览、拍宣传片等，取得了一些探索性成果，提高了学生的公民素养意识和法律意识。但是法治教育课程的系统性和统整化明显不够，还需要进一步下大力气进行开发与拓展。与此同时，要大力倡导全社会的参与，形成学校、家庭、社会共同参与的法治文化共同体。因为法治文化氛围是酝酿法治精神、培育法治信仰的土壤和母体，所以只有全社会共同参与，形成法治文化氛围，法治建设才会事半功倍。

总之，我们认为，对于国家而言，立法是基础，对于区域教育发展而言，依法治教是根本。南山教育人将致力于以法治思想引领教育事业发展，以法治方式破解教育难题，推动现代学校制度建设，以法治教育课程建设提升师生法治素养和法治能力。

唯创新赢未来

> 南山少年创新院是个面向学生的创新教育平台，由区教育局联合团区委、先进院等联合举办，不仅汇聚了区内诸多学校，还依托区内高校和高新技术企业，集结各方力量为我所用，这是创新的特质之一，也是创新教育的必然选择。
>
> ——2015 年 6 月 16 日接受《南方都市报》专访

发展是第一要务，人才是第一资源，创新是第一动力。当前，我国的发展站到了新的历史起点上，正在由发展中大国向现代化强国迈进，对培育全民族创新精神、培养高水平创新人才提出了更为迫切的要求。

深圳是中国的创新之都，而作为高科技中心的南山区，在"中国制造"向"中国智造"转型的关键时期，在科技创新的重要阶段，南山区教育注定需要承载更为宏伟的历史使命。南山提出建设世界级创新型海滨中心城区。要服务于这一区域发展定位，教育必须先行、要以一流的教育，为深圳"东方硅谷"的建设提供强有力的人才支撑。

一、率先成立南山少年创新院

历史机遇就在眼前，南山教育人一定要把握大势、顺势而为，迅速行动起来。早在《南山区教育质量攻坚五年行动计划（2013—2018年）》中，我们就明确提出：打造青少年创新人才培养工程，创新一种制度，即优秀人才培养制度；建设两个支撑点，即创新人才培养的教育投入与创新人才培养的师资队伍；完善三大体系，即高校—企业—中小学结合体系，创新人才培养教育投入体系，创新人才培养区域、学校网络支持体系；实现创新人才培养教育投入、创新人才和创新成果三个翻两番。我认为，成立南山少年创新院是行动计划中最富创新意识的做法。

小院士在大疆创新科技公司进行无人机操控实演

南山少年创新院由南山区教育局、共青团南山区委员会、中国科学院深圳先进技术研究院三方联合打造。目的在于整合三方教育、文化、科技、智力、技术和服务优势，促进教育资源的有效对接和融合，创新人才培养机制，让南山少年创新院成为未来科技创新人才培养的孵化地，并以此引领和提升全区青少年的科学素养与创新精神。

为此，我们强化顶层设计，制定了创新教育整体规划，构建了STEAM课程、项目学习、研究性学习等课程体系。并决定以南山少年创新院来统筹、规划、引导、实施全区的创新教育，探索适合区域特点、区域发展规划、学校办学理念、师资力量、生源质量的创新教育体系。借助区位优势，同中科先进院、腾讯科技、科大讯飞、大疆科技、柴火创客空间等区内高校、高新技术企业、专业教育机构合作，将创新理念、企业创新思维模式引入学校，让学校创新成果走入社会、走入市场。

我们规划了具体的实施路径和战略保障，系统推进少年创新院建设。首先，逐步组建、培养一支世界一流的师资团队，培养100位科技创新教育导师，建立卓越科技导师精英训练营。其次，要建设世界一流的教学环境和培养体系，建设100间科技创新实验室、3间全球领先的概念实验室，举办南山少年创新院少年创客答辩会，培养100位南山少年创新院小院士，培育卓越少年发明家。再次，建设全球领先的创新课程体系，开发100门科技创新教育课程，实施未来硅谷核心课程计划，打造世界级科技名校。最后，全力打造全球领先的培训实践基地，建设50个创新实践基地和3个综合核心实践基地，聘请100名高级校外导师。

凭借长期的积累、系统的思考、准确的定位、严谨的设计、广阔的视野，再加上南山教育人一贯务实的作风与创新精神，少年创新院注定会成为教育的"南山质量"最闪亮的标志。

二、南山小院士首秀高交会

它从诞生之日起，就以与众不同的方式"闯"进了市民的视野……

　　2014 年 11 月 16 日，正值第 16 届高交会举办期间，少年创新院在深圳市会展中心桂花厅正式揭牌成立，基础教育首次以不一样的姿态走进高交会。在 5 号馆南山区的"少年创新院项目长廊"，小院士们向大家展示生态农场、智能关窗机器人、语音识别机器人等创新成果。育才三中的小创客韩杰龙同学给市民介绍"易拔膨胀螺丝"和"防近视多功能台灯"两个项目的工作原理。北京师范大学南山附属学校的小创客施沛航及其同学展示的"机关王项目"吸引了市民驻足。时任南山区区长余新国和中国科学院深圳先进技术研究院院长樊建平在观看学生展示后，鼓励施沛航及

2015 年深圳高交会，作者与南山小院士合影

其同学"努力创新、勇攀高峰"。记者采访我时，我说道，中国教育梦以"有教无类、因材施教、终身学习、人人成才"为追求，成立南山少年创新院就是希望通过"点面结合、由点及面、全体受益"的路径，让更多优质资源注入融合到教育体系中来，参与教育、支持教育、推动教育，实现创新驱动的协同发展。

的确如此，南山科研院所、高新企业云集，为创新教育提供了丰富的土壤，为创新课程开辟了广阔的平台。

三、在每个学生心中播下一颗创造的种子

2009年，时任育才中学校长的我主动与国家战略性科研机构联系合作，让育才的学生与最前沿的科学领域接触，与大师零距离面对面，从小培养学生对科学的兴趣，埋下科学的种子。后来，我又积极支持南山教育与中科院深圳先进技术研究院共同实施"少年科学家培养计划"。中科先进院实验学校依托人才优势，为每个班级配备一名博士老师，开设博士课堂实现课程创新，全面开设科普课程，同时设置相关科学实验室，让科学教育真正融入中小学课堂。

在我们的积极推动下，南山教育与知名高科技企业开发创新课程，推动科技教育项目，在全国率先开发开设人工智能课程。2016年南山实验教育集团麒麟小学与深圳造物世界信息技术有限公司共同开发小学人工智能课程，南山少年创新院在全区9所中小学开设人工智能课程。2017年12月1日《中国教育报》和2018年1月中央电视台新闻频道《新闻1+1》栏目都分别对南山人工智能课程的开设做了报道。

南山教育与高新技术企业、科普基地深度合作，建设学生实践基地。截至目前，南山教育已经与南山智园、中科创造力实验室、金蝶软件园等近20家企业、基地深度合作，开展了机器人搭建与编程、生命科学基因遗传、3D打印、水土保持科技等实践活动，为学生提供了良好的校外创新环境。

四、创新教育的关键在教师

师资是实施创新教育的关键因素。传统教育提倡的是教育专业化，创新教育需要一批具有创新意识的教师矢志不渝地耕耘。工欲善其事，必先利其器，为此，我要求少年创新院开展一系列有针对性的创新教育教师培训。比如，在全国率先导入美国优秀的"伟大原著"学习计划，着力培养和改变教师的教学风格，实现了教师教学方式、课堂教学策略、教学技能的突破性提升。借鉴企业界的创新经验，请企业界高管、工程师进校园谈如何创新，请创业者谈如何以市场为导向进行创新。为教师们开设 STEM 教育、STEM 创客教育、卓识成就项目的探索和分享以及以色列 SIT 系统创新思维等多种类型课程，同时开展"科技辅导教师走进中国科学院深圳先进技术研究院"等实地考察活动，实实在在地提升教师创新素养。强化"泛在学习研究"，构建起信息技术支持的泛在学习教学实践模型，不断提升教师信息技术应用能力。全面开展基于 MOOC 的翻转课堂教学模式研究、基于 APP 的创客教学与游戏学习、基于智能化教学平台的个性化学习。

与此同时，南山教育精心研制"未来教师"标准，梯级打造"未来教师"，完善教师发展体系，培养出一批在全区、全市甚至全国范围内极有影响的创新教育骨干教师和学科带头人。尊重教师发展意愿，成立校园创新实验室。聚焦学生核心素养，充分发挥教师专长，满足教师自我发展需要，提供经费保障，资助建立 2 批共 60 个创新实验室，150 多个创新项目。开设创新教育课程，开展创新小课题研究，一段时间后，一批优秀辅导教师脱颖而出，如南山实验教育集团邓玉琳老师指导学生开展创新活动，近三年辅导培养全国小院士 25 名。

五、为创新梦想搭建广阔舞台

如何让少年创新院成为学生乐于学习、乐于创造的学习空间，我也经常和相关同志一起研究。我们认为要重视精英人才教育，持续开展选拔培养小院士活动。通过网络评选、现场评选、专家评选相结合的方式，搭建了一个创新成果展示与交流的平台，注重学生体验与参与，这样既扩大了少年创新院的社会知名度和关注度，又丰富了对学生进行多元评价的探索与实践。迄今为止，南山少年创新院已开展了四届小院士评选活动。连续三年，全区小院士获评数量位居全市第一，总数已达 120 名，数量年均增长 50%。这些充分体现了南山创新教育成效，体现了"东方硅谷"的气质。

2018 年第四届南山少年创新小院士评选总决赛

开设南山学校创客节，让学生广泛参加创新实践活动，是南山少年创新院的又一大创新。南山少年创新院可以在广阔的舞台上展示自己的形象，走出深圳，走向全国，走向市场，实现社会价值，乃至在国际舞台上发出自己的声音，从而树立教育品牌，建立南山创新教育质量标准。

2015 年 5 月 15 日，中国科学院深圳先进技术研究院公众科学开放日暨南山区首届创客节系列活动在麒麟小学分会场隆重举行。活动以"创客教育培养创新精神"为主题，一方面通过创客项目展示直观呈现创客文化，另一方面邀请南山少年创新院的同学们开展"小创客"项目路演、"大小创客结对子"等活动，让学生们在交流与学习中感受创新魅力。"创造力课程体验""机器人课程体验"等新形式创新互动项目吸引了不少同学参与，成为耳目一新的科普体验。中科院院士吴培亨、汪集旸，以及中科院心理研究所研究员刘正奎等专家与300余名深圳中小学校教师、学生家长一起，围绕创新人才的时代要求、青少年的素质教育和创新能力培养、儿童创造力发展与促进策略等话题，共同探讨青少年创新人才培养。

在首届"深圳学生创客节"上，南山少年创新院的小创客们大展风采。珠光小学小创客们的作品入选南山展厅和南山分会场进行展出。"FPV无人机""微信智慧物联""体感3D打印机"受到了吴以环副市长、范坤副局长等多位领导的关注和点赞。育才二中被授予"首批深圳市中小学创客实践室"称号。

2016年10月，在全国"双创周"主会场，李克强总理接见了5名深圳小创客，他们全部来自南山。11月18日，在高交会五号馆内，南山10个小院士中学组和小学组混合，分两组现场竞赛，发挥想象力与创造力，利用现场给定的常规材料，通过动手实践、团队合作，完成既定项目。广东省教育厅巡视员赵康在现场观看了小院士设计与制作作品的过程，对他们的创新意识、动手能力大为赞赏，并高度肯定了本次活动的积极意义。阮厚铭、林栩、谢杰羽、陈颖臻、姜廷禹等10名中小学生，正式获颁"第二届南山少年创新院小院士"证书、获得13万小院士作品孵化基金。

2017年6月2日，南山区首届"我们正在改变世界"少年创客答辩会在南山区麒麟小学举行。麒麟小学的董治麟和林栩两位同学展示了"智能书包"，目前已经是3.0版本，书包已经得到深圳造物世界科技有限公司孵化，取名"麒麟造物"并开始少量生产。麒麟小学林钰珅的色盲红绿灯作品受到广泛关注，预测未来将会撬动数十亿市场……

南山少年创新院的成立在区内产生了辐射效应，半年内南山外国语教育集团、南山实验教育集团、育才二中、蛇口学校、月亮湾小学、珠光小学、同乐学校、南方科技大学附属小学、丽湖学校等学校就率先成立了少年创新院分院。这其中不仅有优质品牌的集团学校，也有历史悠久的传统学校，还有定位明确的新建学校，分布在前海中心区、蛇口片区、北部片区等。这充分体现了南山创新教育整体推进的战略思路，创新教育"遍地开花"。

经过四年多的发展，南山少年创新院完成了"高校—企业—中小学"创新结合体系、创新人才培养的教育体系布局，已陆续成立34所分院。

六、唯创新赢未来

近四年多来，南山创新教育蓬勃发展，学校科创课程、学生创客社团、创客作品等如雨后春笋大量涌现，各级创客节成了南山少年展示创新才智的舞台。南山少年创新院的成立、运作，是南山教育搭建集教育研究、课程与教学改革、教师发展、政策咨询与服务、国内外交流与合作等于一体的开放性、深度融合的教育共同体的一次大胆、有益、创新的尝试，目的在于激发教育内生动力和学校办学活力，实现价值创造，引领教育创新，真正无愧于"创新"二字。

我认为，创新教育是教育的"南山质量"一个重要的标准。我们在培养20年后进入社会的人，但他们却绝不是20年后才了解社会、对社会产生影响，时代的发展缩短了人进入社会的时间，创新对社会生活的影响从未像现在这样巨大。

古往今来，许多出身于各种社会背景、教育经历截然不同的人，都在艺术、文化、科学和知识领域的创新方面做出过贡献。在即将到来的时代，以新的方式解决问题、发明新技术或对现有技术进行创造性地运用能力，甚至是发现新的知识分支和推出全新行业的能力，所有这些都会非常受重视和欢迎。

如果我们认为创造仅仅是天才的事情，又或者创造能力是不能学来的或不能衡量的，那我们也许将在时代机遇和浪潮中，失去适应未来、改变未来的机会。

　　未来的教育会是什么样，谁也无法给出准确的答案，正因为如此，也许才是未来教育迷人之处，未知意味着创新，创新即是未来。

　　南山少年创新院会是答案吗？至少它是一种尝试、一种方案，至少在这五年中它对教育、社会、生活产生了超越过去的影响。我们有理由相信，如果持之以恒地实践，也许它就是那个答案。

　　创新，无非创造与革新。现在如果创造，未来即是革新。

以国际标准高位谋划教育改革发展

> 站在新起点上，南山教育必须与区域发展的高
> 端定位相匹配，以国际标准高位谋划改革和发展。
> 南山的教育国际化不能是简单的借鉴和模仿国外课
> 程，而应建立综合国内外教育精粹的自主课程体系。
>
> ——2015 年 6 月 4 日接受《中国教育报》记者采访

置于创新发展改革浪潮的时代背景下，南山教育对外开放，就是围绕
南山区创建"世界级创新之都、现代化宜居之城、国际化魅力之湾"的战
略目标，坚持以开放促改革、促发展，开展多层次、宽领域的教育交流与
合作，同时借鉴国际上先进的教育理念和教育经验，促进区域教育改革发
展，提升南山教育的影响力和竞争力，培养具有中国情怀和国际视野、通
晓国际规则的人才。

一、一段历程：南山教育对外开放步履坚实

《国家中长期教育改革和发展规划纲要（2010—2020 年）》提出，将
扩大教育开放，通过"引进来"和"走出去"，双管齐下，加强国际交流
与合作，提高我国教育国际化水平……提升我国教育的国际地位、影响力
和竞争力……培养大批具有国际视野、通晓国际规则、能够参与国际事务

和国际竞争的国际化人才。

2013 年以前，南山作为深圳市高新技术产业基地、现代物流基地、旅游基地和教育科研基地，充分利用地缘优势，从 20 世纪 80 年代提出"培养和资本主义打交道的人"，到"抢占教育国际化的制高点"，教育国际化时间早、力度大、有特色，在一定范围内产生了较大影响。

作为较早一批到南山来拓荒的教育工作者，我先后在区教育局教科所、博伦职业技术学校、南山外国语学校、蛇口育才教育集团任职，在美国加利福尼亚大学做访问学者一年，既是南山基础教育对外开放引领者也是探索者，曾先后发起了境外姊妹校结对、龙鹰对话、引入"伟大原著"培训项目和波多里奇卓越绩效标准等。教育国际化的研究、思考与实践，是情怀使然，也是专业研究优势使然，更是基于这样的认识——教育对外开放在深圳这个特殊的地域可以更好地服务民生、促进人才培养。

梳理南山教育国际化，每一步的顶层设计和统筹规划，都是思考研究的前瞻性判断和形势发展的必然结果，从而一步步将教育国际化提升到制度、体制、机制层面。

2002 年，首提"抢占教育国际化的制高点"，作为推动南山教育自主创新的重要举措和深化南山教育改革的重要抓手。2012 年，南山区政府专门制定《南山区全面推进教育国际化五年行动计划（2012—2016年）》，设立专项资金和专门机构——国际交流与合作办公室，为推进区域教育国际化提供了充分的政策支持和人力、物力、财力的保障。2013年，出台《南山区教育质量攻坚五年行动计划（2013—2018 年）》，将"教育国际化推进"作为攻坚十大行动之一。2014 年，南山被评为深圳市首个"教育国际化实验区"。2017 年，制定实施"1+N"特色教育建设方案，将教育国际化作为打造组合式特色教育的南山特色项目之一。同年制定《南山区中小学校教育国际化督导方案》，完善《南山中小学校国际理解教育督查指标》体系，作为专项督导的纲领性文件。2018 年，开展"南山区国际理解教育特色学校"创建与督导评估，认定了育才四小等 10所国际理解教育特色学校；成立课题组拟定《南山区国际理解教育校本课程的开发与实施指导纲要》。

南山教育人的持续努力，积跬步以致千里。近二十载坚持不懈，理念持续更新，措施持续细化，行动持续规范化，效果持续显性化，已从经验感知过渡到理性思考、规范有序的阶段，对教育国际化蓬勃发展的当下，有着一定的理论指导意义和现实引领意义。

二、一场演讲，南山教育对外开放开启新征程

2013 年 4 月，"中国基础教育国际化研讨会"在四川成都召开，我做了《对标国际打造教育的"南山质量"》的专题报告。我提出，当今世界，人才成长与交流已经进入了一个"国际循环"，我从"印第安人拾柴与天气预报员预报天气"的小故事说起，强调全球化环境下，多元文化交流交融、互动互补成为潮流，教育国际化是创造优质教育，培养世界公民的必然渠道。教育国际化首先要在教育理念上与世界同步，要围绕培养国际化人才的核心，不断推进本土化实践。我从国际教育交流合作、引进国际优质教育资源、推进国际理解教育、提升教师队伍素质等方面对南山区域推进教育国际化实践进行了简要回顾，提出将以国际先进城市为标杆，优化配套政策，保障经费投入，通过实施国际交流合作深化行动、国际优质教育资源引进行动、国际理解教育推进行动、教师队伍素质提升行动等，打造教育国际化先锋城区。现场报告获得了与会专家的一致好评，时任中国教育发展战略协会副会长周满生认为，南山探索为全国区域推进教育国际化提供了值得学习的经验。

三、一路探索，南山教育对外开放成果丰硕

从 20 世纪 80 年代提出"培养和资本主义打交道的人"，到"抢占教育国际化的制高点"，到出台《南山区全面推进教育国际化五年行动计划（2012—2016 年）》，总体来看，南山推进教育国际化时间早、力度大，特色鲜明，亮点频现，取得了一定的成绩。

（一）世界眼光+南山优势，从顶层设计着眼，抢占教育国际化制高点

谋而后定，规划为先。南山区一直将教育国际化作为深化改革开放、推进教育优质发展的重要内容，以"面向世界"的眼光，立足南山独特的地理、人文等方面的优势，高起点谋划基础教育国际化。一是高起点谋篇布局。早在 2002 年，南山就已明确提出"抢占教育国际化的制高点"。接着在全市各区教育行政部门率先成立国际交流与合作办公室。将"教育国

2007 年 6 月 4 日，新加坡树群中学师生来到蛇口学校与该校师生开展学术交流活动

际化推进"作为南山教育质量攻坚十大行动之一，制订《南山区全面推进教育国际化五年行动计划（2012—2016年）》，设立专项资金，每年投入超过2000万元。制定实施"1+N"特色教育建设方案，将教育国际化作为特色项目之一，开展校园英语文化节，培养浓厚氛围。二是广泛加强区域合作。我区缔结港澳姊妹校45所，与加拿大列治文市英国伦敦金斯顿区等签署了区域交流合作备忘录，建立常态互访与协作机制。建立公办学校与区内外籍人员子女学校交流平台，2018年开展活动12次，中外师生参加总人数超过1500人次。经国务院侨务办公室和深圳市人民政府侨务办公室联络，南山区教育局多次承办海外华校（园）长培训班，在东南亚地区产生广泛影响。我被评选为深圳市"华文教育专家"，育才中学被广东省人民政府侨务办公室授牌"广东省海外华文教育基地"，蛇口学校和后海小学成为"深圳市华文教育基地"。

（二）外籍教师引入+自身队伍培养，从人才资源着手，形成教育国际化核心优势

人才是第一资源。南山教育国际化的蓬勃发展，最核心最根本的优势，就是外引与内培相结合，形成了数量众多、不断壮大的国际化教育人才队伍。一是引入大批外籍教师。充分利用南山对国际人才吸引力强、辖区高校外国留学生众多的优势，聘请大批优秀外籍教师。2018—2019学年，我区共聘请外教243名，公办学校外教实现全覆盖。育才四小、南科大一小二小、港湾小学4所学校聘用了外籍副校长。316名深圳大学留学生走进全区近100所公办中小学，开展"留学生文化使者进校园"活动。二是培养国际理解教育骨干教师队伍。引入美国"伟大原著"培训项目，至今已成功举办24期，800名英语教师参与轮训。2019年上半年，新的4期初级培训已启动。以外籍副校长为纽带，成立国际创客联盟和学习共同体，举办近10期南山教育创新联盟工作坊。近年来通过市教育局教师海外培训服务项目平台，组织多批教师积极参与海外培训项目。

（三）项目式推进+课程开发，从内涵发展着力，打造教育国际化品牌

为了让教育国际化深扎根、结硕果，南山教育持之以恒推进品牌项目，积极开发国际理解教育课程，推进教育内涵式发展。一是实施国际理解教育项目。2010 年启动的"龙鹰对话"，是中美师生对话交流平台，每年开展一期，每期有一个集中的主题，针对人文、科学、环保等时代关切的命题进行交流。2014 年启动的"留学生文化使者进校园"，是南山区教育局与深圳大学国际交流学院合作推进的教育国际化创新项目。5 年来，316 名深圳大学留学生走进全区公办中小学，共开展特色活动 1273 场次，参与学生近 9 万人次。二是开发国际理解教育课程。开展 SDG（可持续发展目标）与 Global Goals（全球目标）课程项目，与校本课程体系融合发展。如南科大实验小学开展 STEAM 跨学科课程整合，南科大二实实施基于 IB 理念的统整课程，大新小学开发了国际礼仪校本课程，南山中英文学校引进 A-level 课程，深圳（南山）中加学校引进 AP 课程，北大附中深圳南山分校通过了教育部基础教育课程教材发展中心 NCCT 国际化民办学校评估认证。区内各中小学利用"四点半课堂"资源，积极引进和研发丰富多彩的教育国际化校本课程。

育才中学国际课程项目启动仪式

（四）建立标准+优化管理，从长效机制着想，争创世界一流的教育国际化城区

一是首创国际化特色教育标准。率先制定《南山中小学校国际理解教育特色学校督导评估指标体系》《南山区中小学国际理解教育评估等级说明》，从思想理念、教师发展、学生成长、交流合作、特色项目等方面，明确了国际理解教育5个方面17个具体指标。2018年通过督导评估，认定了育才四小等10所国际理解教育特色学校。成立课题组，制定《南山区国际理解教育校本课程的开发与实施指导纲要》。二是加强管理与引导。把意识形态安全作为教育国际化必须坚守的安全底线，对各类风险定期研判，提前应对。编制完成《南山区外籍教师管理文件汇编（中英文版）》，做到标准明确、有据可依。实行学校对外交流活动专项申报审批制度，主要活动报区领导审批。狠抓外教课堂教学质量，举办外教才艺大赛和教学风采大赛，激励其全身心投入教学工作。

我们始终坚定地认为：教育国际化是实现南山教育升级的战略工程，是推动南山教育自主创新的重要举措，是深化南山教育改革的重要抓手，也是让南山教育对标国际、争创世界一流、成为中国基础教育的高地和风向标的必由之路。在粤港澳大湾区战略新机遇下，教育国际化必将成为南山世界级城区建设的重要推动力和重要竞争力。

四、一股春潮，创建世界一流教育再出发

在《中国教育现代化2035》和《粤港澳大湾区发展规划纲要》公布后的教育发展重要节点上，南山教育应有怎样的崭新目标？南山要打造成"世界级创新型滨海中心城区"，南山教育必须具有融入全球化进程的视野和格局，把教育置于世界坐标系中，反映人类最优秀的发展成果，并以此确立教育标准。"创建世界一流教育"是南山教育的新目标，是在新时代背景下，站在国内教育第一梯队中的南山教育人应有的理想追求和使命担当。更重要的在于，南山教育要努力培养参与国际竞争、拥有家国情怀、

展现中国智慧的未来人才，承担起构建人类命运共同体的光荣使命。在2019年全区教育工作部署会议上，我们明确提出"创建世界一流教育"的发展新目标。而猜测也纷至沓来：是超前之举，还是恰逢其时？"创建世界一流教育"，南山教育何以有这样的底气与自信？

随后在接受媒体朋友专访中，我进一步表达了自己的看法：教育自身具有未来属性，南山教育要创建世界一流教育，这一目标水到渠成、恰如其分、正当其时……创建世界一流教育，需要看教育、谋教育、做教育、改革教育，最重要的是，南山教育要具有融入全球化发展进程的视野和格局，因此，把南山教育放在哪个坐标系中思考非常重要。改革开放再出发，深圳被赋予新使命，南山开启世界级创新型滨海中心城区建设的新篇章，更提出要勇当深圳建设中国特色社会主义先行示范区、创建社会主义现代化强国城市范例的尖兵，南山教育需要提供与经济社会发展相匹配的教育质量和水平。与此同时，南山位于"东方硅谷"的核心腹地，以世界一流教育支撑一流城区建设，为世界四大湾区之一粤港澳大湾区的发展提供智力支撑，寻找与世界一流教育对话的动能，南山责无旁贷……"创建世界一流教育"并非一句口号，更不是争第一，而是努力站在全球教育的第一梯队，与其他一流教育一起，为办出真正培养人的教育，为推动各国、各民族的进步做出应有的贡献。

附录

接受媒体采访部分目录

出 版 人　李　东
责任编辑　欧阳国焰
版式设计　孙欢欢
责任校对　张晓雯
责任印制　叶小峰

图书在版编目（CIP）数据

南山教育行思录／刘根平著．—北京：教育科学
出版社，2020.4（2020.6重印）
　　（教育的南山质量丛书）
　　ISBN 978-7-5191-2151-8

　　Ⅰ.①南…　Ⅱ.①刘…　Ⅲ.①教育工作—深圳—文集
Ⅳ.①G527.654-53

　　中国版本图书馆 CIP 数据核字（2020）第 013396 号

教育的南山质量丛书
南山教育行思录
NANSHAN JIAOYU XING SI LU

出 版 发 行　教育科学出版社		
社　　　址　北京·朝阳区安慧北里安园甲 9 号	邮　　　编　100101	
总编室电话　010-64981290	编辑部电话　010-64989527	
出版部电话　010-64989487	市场部电话　010-64989009	
传　　　真　010-64891796	网　　　址　http://www.esph.com.cn	

经　　　销　各地新华书店			
制　　　作　北京金奥都图文制作中心			
印　　　刷　保定市中画美凯印刷有限公司			
开　　　本　720 毫米×1020 毫米　1/16	版　　　次　2020 年 4 月第 1 版		
印　　　张　13	印　　　次　2020 年 6 月第 3 次印刷		
字　　　数　175 千	定　　　价　50.00 元		

图书出现印装质量问题，本社负责调换。